Hay algo que no es como me dicen

Juan José Millás

Hay algo que no es como me dicen

El caso de Nevenka Fernández contra la realidad

ALFAGUARA

Papel certificado por el Forest Stewardship Council®

MIXTO
Papel | Apoyando la silvicultura responsable
FSC® C117695

Penguin Random House Grupo Editorial

Primera edición: septiembre de 2024
Primera reimpresión: septiembre de 2024

Printed in Spain – Impreso en España

ISBN: 978-84-10299-16-0
Depósito legal: B-11313-2024

Compuesto en MT Color & Diseño, S. L.
Impreso en Huertas Industrias Gráficas, S. A., Fuenlabrada (Madrid)

AL99160

Índice

Los restos de Nevenka

Esta es la historia de una mujer sensata que, cuando se dio cuenta de que todo lo que le habían contado era mentira, fue al juzgado, denunció los hechos y lo puso todo patas arriba.

La mujer, que se llama Nevenka Fernández, dejó de ser sensata el 26 de marzo de 2001, fecha en la que dimitió como concejal de Hacienda y Comercio del Ayuntamiento de Ponferrada y denunció por acoso sexual a su alcalde, Ismael Álvarez. Lo hizo públicamente, en un salón del ponferradino hotel Temple, donde los periodistas habían sido convocados a las once y media de la mañana. La curiosidad era enorme debido a los rumores que habían circulado desde que la concejal causara baja por enfermedad a finales del mes de septiembre anterior y desapareciera de la ciudad.

Durante esos seis meses se había dicho que permanecía en Madrid sometida a una cura de desintoxicación de drogas, pero también que había ingresado en una secta. Las habladurías corrieron de boca en boca y de mano en mano, pues tanto la historia de las drogas como la de la secta aparecieron en pasquines sin firma que se repartieron generosamente entre la población.

Nevenka Fernández estaba acostumbrada a comparecer en público, pero al entrar aquella mañana de marzo en el salón del hotel Temple junto a

Adolfo Barreda, su abogado, y a Lucas Vázquez, su novio, se asustó. Jamás había visto una rueda de prensa tan multitudinaria. Había muchos periodistas locales a los que conocía y a los que saludó, aunque la mayoría de los rostros eran nuevos para ella. Vio cámaras de televisión y observó que el suelo estaba recorrido por cables que serpenteaban a lo largo de la sala. Se encontraba aturdida en parte por la carga emocional propia de un instante que había deseado y temido con semejante intensidad, pero también porque llevaba en pie desde las seis de la mañana, después de una noche rara, en la que los ansiolíticos y somníferos que utilizaba habitualmente solo habían hecho su efecto a medias. Durante los intervalos de insomnio visualizó una y otra vez la situación a la que se tenía que enfrentar al día siguiente y repitió mentalmente, hasta el hartazgo, el texto que pensaba leer ante los periodistas. Lo había escrito y reescrito mil veces, se lo sabía de memoria, pero le daba pánico bloquearse o echarse a llorar en medio de la lectura, pese a que apenas tenía cuarenta líneas de extensión. También había imaginado la reacción de sus padres, de sus abuelos y de sus amigos y enemigos ante la noticia, pues había preferido no decir nada a nadie, aunque luego, durante el viaje en coche desde Madrid a Ponferrada, no podría reprimir la tentación de telefonear a sus padres a través del móvil, para ponerlos sobre aviso. Cogió el teléfono su madre, que le preguntó:

—¿Estás segura de lo que vas a hacer?

—Segura de lo que va a pasar, no. Segura de que quiero hacerlo, sí —había respondido Nevenka.

Lo último que escuchó de su madre antes de que se despidieran fue:

—Date la vuelta, hija, vuelve a casa.

«¿A qué casa?», se preguntó Nevenka.

Durante los últimos meses había vivido como una refugiada en aquel piso de Madrid que pertenecía a la familia de su novio. No tenía casa, casi no tenía familia, no tenía nada, solo la necesidad de acabar con todo aquello que, en realidad, aunque entonces no podía ni imaginarlo, estaba a punto de comenzar.

La rueda de prensa se había anunciado ese mismo día, sobre las diez de la mañana, al poco de poner la denuncia, para que Ismael Álvarez no tuviera tiempo de reaccionar, pues Nevenka y su abogado temían que el alcalde boicoteara de un modo u otro el acto si conocía su existencia con mucha antelación. Cada uno de los movimientos llevados a cabo aquella mañana estaba planificado y medido al milímetro. Calcularon la hora de salida de Madrid para no llegar a Ponferrada ni pronto ni tarde. Adolfo Barreda, el abogado, iba en su propio automóvil, detrás del de Lucas, que conocía el camino. Nevenka, al lado de su novio, quitaba y ponía música para relajarse. No hablaba, nunca habla cuando necesita concentrarse en algo. Se detuvieron en la carretera para desayunar y ella tomó un té. Hicieron el resto del viaje sin parar y entraron los tres juntos en el Temple. Nevenka pasó por el baño y cuando salió se dirigieron a la sala abarrotada de periodistas.

Había en un extremo, elevada sobre una pequeña tarima, una mesa llena de magnetofones y micrófonos de radio a la que se sentaron Adolfo Barreda y Nevenka Fernández, que llevaba el pelo recogido. Iba sin maquillar, con unos pantalones negros y una rebeca oscura y grande, de punto grueso, algo desgastada. Parecía más un atuendo para andar por una casa sin calefacción en pleno invierno que para una comparecencia pública. Alguien del entorno del alcalde diría después que aquel modo de exhibirse, con una chaqueta «como de su abuela», era una escenificación. Desde luego, para la gente que había conocido a Nevenka, se trataba de un atuendo raro, pues la recordaban como una mujer que cuidaba mucho su aspecto. Pero no solo el atuendo era inhabitual en ella, sino la extrema delgadez, las ojeras, el cabello descuidado, y también el modo en que le temblaban las manos y el rictus de sus labios, que llevaba sin pintar.

No era Nevenka, sino lo que había quedado de ella después de varios meses de terror.

El abogado saludó a la prensa y anunció que la concejal se limitaría a leer un comunicado y luego se retiraría.

—Si queréis hacer alguna pregunta —añadió—, os responderé yo.

Nevenka Fernández tomó el folio escrito entre las manos y comenzó a leer: «Buenos días. Os he convocado para que conozcáis que en el día de hoy presento mi dimisión como concejal del Ayuntamiento de Ponferrada».

Entonces se instaló en la sala un silencio extraordinario, que otorgó a la voz de la joven un valor inusual. El hotel Temple es una réplica del castillo de Ponferrada, levantado en el siglo XIII por los templarios. En las paredes de su interior, de piedra negra, aparecen las reglas de la orden escritas en caracteres góticos. Aunque intenta combinar la comodidad de un hotel de cuatro estrellas con una atmósfera medieval, lo cierto es que ha logrado reproducir la atmósfera medieval mejor que el confort de un hotel de esa categoría.

Fue en el interior de esa atmósfera donde la voz de Nevenka adquirió, pese a su fragilidad, un valor inexplicable, como si cada vez que pronunciara una palabra se quebrara un cristal.

Tras una pausa, continuó leyendo: «Sé que durante los últimos meses han circulado todo tipo de rumores y comentarios malintencionados sobre mí. Sé que se han lanzado todo tipo de invenciones sobre las causas de mi baja, desde que había ingresado en algún tipo de secta a que había abandonado la ciudad porque estaba siendo sometida a una cura de desintoxicación.

»Nada de esto es cierto. Todo es absolutamente falso.

»Jamás, y digo jamás, he consumido drogas, y, por supuesto, jamás se me ha pasado por la cabeza formar parte de una secta.

»Los motivos que me han mantenido apartada de mi responsabilidad y que a continuación explicaré únicamente responden a una palabra: dignidad. Mi dignidad. Ella es la que me ha mantenido en pie en los momentos más críticos y la que me da hoy el valor para estar aquí.

»Tengo veintiséis años... y dignidad. Desde que prometí mi cargo como concejal he intentado esforzarme y trabajar al máximo por este Ayuntamiento y por sus ciudadanos. Durante los primeros meses, la relación con mis compañeros del grupo municipal y, más concretamente, con el alcalde fue fluida e incluso me atrevo a afirmar que, al menos por mi parte, llegó a ser de amistad.

»Muy pronto el alcalde de esta ciudad, Ismael Álvarez, quiso ir bastante más allá. Tras varios meses de sutil insistencia, lo consiguió. Poco después, aproximadamente en el mes de enero de 2000, y tras manifestar repetidamente a Ismael no tener claros mis sentimientos, la relación acaba. Es a partir de ese momento cuando empieza el infierno.

»Mi negativa provocó su acoso. Su actitud de presión se tradujo en notas manuscritas, mensajes en el teléfono móvil, cartas, comentarios verbales que prefiero no reproducir literalmente y un desprecio agresivo hacia mi trabajo. Este acoso y presión psicológica a la que fui sometida provocaron en mí un estado de ansiedad, tristeza y angustia grandes. Varios partes médicos lo atestiguarán en su momento. Estas, y solo estas, son las únicas razones que han motivado el que hoy presente mi dimisión.

»Quiero precisar que me gustaría que mi denuncia no fuese utilizada como un arma frente al partido político que he representado. Mi decisión nada tiene que ver con luchas políticas.

»He meditado mucho antes de tomar esta decisión. He pasado muchas noches sin dormir, tratando de encontrar la manera de olvidar lo ocurrido, pero no puedo. A pesar de saber que esta decisión puede hacer sufrir aún más a la gente que quiero; a pesar de saber que tal vez las consecuencias de esta denuncia pública signifiquen más mentiras y más miedo; a pesar de correr el riesgo de equivocarme... tengo veintiséis años y dignidad. Esta es la verdad; se la debo a quienes depositaron en mí su confianza: a los ponferradinos. Me lo debo a mí misma y se lo debo a todas las mujeres que ahora mismo pueden estar viviendo una situación tan terrible como la que yo he vivido. Por supuesto, ya he presentado la correspondiente denuncia judicial y espero que el tiempo haga justicia. Gracias a todos por estar aquí y gracias por escucharme».

Tras la lectura de este folio escaso, echó el cuerpo hacia atrás, para mover la silla y abandonar la sala. La silla se levantó un poco sobre las patas posteriores, que, al desplazarse sobre la tarima, produjeron un sonoro arañazo que rompió, con la calidad de una tela al rasgarse violentamente, el extraño silencio que había acompañado a su declaración. Entonces, Nevenka Fernández se dio cuenta de que había estado hablando como desde el interior de una campana de vacío. No se bloqueó, pero tuvo que reprimir en dos o tres ocasiones un sollozo.

Abandonó la sala y salió a un callejón donde Lucas la esperaba dentro del coche. Los minutos que vinieron a continuación fueron los más tensos de la jornada.

Ponferrada es una ciudad de poco más de sesenta mil habitantes. Casi todo el mundo se conoce, pero, desde luego, todo el mundo conocía a Nevenka Fernández. Aunque el lugar no era muy transitado, cuando la gente la veía se detenía a observarla, preguntándose tal vez si aquella joven desmejorada era la concejal que llevaba seis meses de baja, según unos, porque había ingresado en una secta y, según otros, porque estaba haciendo una cura de desintoxicación de drogas en Madrid.

Lucas y Nevenka esperaban que el abogado saliera a continuación, pues habían quedado en regresar también juntos a Madrid. Pero los minutos se estiraban sin que Adolfo Barreda diera señales de vida. De hecho, tardó una eternidad en aparecer porque no había forma de poner fin a las preguntas de los periodistas. La ya exconcejal se agachaba en el interior del automóvil cada vez que pasaba alguien, para que no la vieran. Había salido del hotel temblando. Y no pudo dejar de hacerlo hasta que apareció Adolfo Barreda y se pusieron en marcha de regreso a Madrid. Entonces, a medida que se alejaban de Ponferrada, Lucas fue testigo de una transformación en Nevenka que no olvidará en su vida. Dice que poco a poco fue dejando de temblar, al tiempo que en su rostro comenzaba a dibujarse una sonrisa de placidez que él no le había visto jamás. Cuanto más se alejaban, más se acentuaba en ella esa sensación de paz interior.

—No recordaba —dice— una Nevenka tan guapa ni en los tiempos del CEU.

Ella, por su parte, recuerda aquellos instantes como uno de los pocos momentos de toda aquella sórdida historia en los que se sintió victoriosa. «Es indescriptible —me diría— lo que una siente cuando hace lo que tiene que hacer: las ganas de vivir y de luchar que te entran. A partir de ese momento, todo tiene sentido otra vez».

Pararon a comer en Rueda. Ella pidió unas lentejas que le supieron a gloria y luego continuaron el viaje, que en total dura unas cuatro horas. En la radio del coche daban cada tanto noticias de la rueda de prensa. Decidieron apagarla al intuir que el asunto había hecho más ruido del previsto. Y es que, en efecto, había desbordado los límites de una noticia local para competir entre los titulares de las portadas nacionales.

Nevenka llevaba varios meses de tratamiento psicológico y psiquiátrico. Durante ese tiempo había recuperado la fortaleza mínima necesaria para hacer frente a la dimisión y a la denuncia, pero su equilibrio era todavía muy precario. A pocos kilómetros de Madrid, Adolfo Barreda, que los seguía en su coche, los telefoneó desde el móvil y les dijo que apagaran los suyos, que no contestaran a ninguna llamada, pues él no hacía más que responder a demandas de entrevistas de radio, prensa escrita y televisión. Lo habían localizado, entre otros muchos programas, de *Crónicas marcianas*. Cuando Nevenka escuchó aquello, sintió una punzada de miedo en el estómago, que es su parte débil.

Llegaron a Madrid a primera hora de la tarde. Estaban asustados, pero contentos todavía. Se atrincheraron en el piso de los padres de Lucas, situado cerca de la calle Islas Filipinas, en las inmediaciones de las instalaciones del Canal de Isabel II, y entonces se acabó la paz interior y comenzó el bombardeo. El teléfono no paraba de sonar, casi siempre con malas noticias. A eso de las seis de la tarde llamó el abogado para informar de que todos los concejales del PP del Ayuntamiento de Ponferrada habían firmado un manifiesto a favor del alcalde. Nevenka no se lo podía creer.

—¿Todos? —preguntó incrédula.

—Todos —insistió Adolfo Barreda.

Entonces cogió el teléfono y llamó a María Gutiérrez, *Marujina*, una de las concejales firmantes, amiga de la familia y confidente suya, una mujer, en fin, que estaba al tanto de todo. Nada más descolgar el teléfono y reconocer la voz de Nevenka, Marujina dijo a gritos:

—¿Tú sabes lo que has hecho?

—Pero ¿tú sabes lo que él me ha hecho a mí? —respondió perpleja Nevenka.

—¡Yo no sé nada, no sé nada! ¡Nada! —gritaba Marujina como una loca.

Nevenka no podía creerlo. Por un momento pasaron por su cabeza todos aquellos meses de terror. Uno de los problemas de las víctimas de acoso es que se sienten culpables en lugar de víctimas. Pues bien, ahora que por fin había logrado restablecer el orden verdadero a la realidad, ahora que había conseguido poner palabras a lo que le ocurría, una amiga de toda la vida, que había fingido apoyarla cuando Nevenka le confesaba sus problemas con el alcalde, la devolvía de súbito al papel de culpable. La exconcejal se quedó sin palabras. Entonces cogió el teléfono Lucas, que la llamó sinvergüenza y colgó. Telefonearon los abuelos desde Ponferrada, la abuela llorando. Telefoneó también Sonia, la hermana de Lucas, que les dijo que se habían metido en un follón. El novio de Sonia les aseguró que no tenían ni idea de lo que habían hecho. Luego les preguntó si se lo habían pensado. Nevenka recuerda a Lucas dando gritos al teléfono:

—¿Cómo que si nos lo hemos pensado? Llevamos meses sin hacer otra cosa.

Luego Sonia volvería a telefonear para disculparse, pero el daño ya estaba hecho. El mensaje general era que tenían un problema. Los pocos apoyos que hasta ese momento habían considerado seguros se vinieron abajo. No habían imaginado ni aquel espanto ni aquella espantada general. El mazazo definitivo fue la llamada de un directivo de Begar, una empresa constructora que había hecho a Nevenka una oferta de trabajo que ahora retiraba, atemorizado por la repercusión pública de su denuncia. Se daba el caso de que el dueño de esta empresa, José Luis Ulibarri, era también accionista de Ferroser, la empresa a la que el Ayuntamiento de Ponferrada había otorgado la concesión del servicio de aguas de la ciudad. No era preciso ser un paranoico para imaginar que las presiones habían comenzado a actuar apenas unas horas después de la denuncia. Nadie estaba interesado en la verdad, sino en las consecuencias que podría acarrear la publicación de la verdad. No se soportaba que la víctima abandonara su papel de víctima, porque eso descolocaba todo en las cabezas y en la realidad.

Nevenka había contado con aquel trabajo en Begar para rehacer su vida y, de súbito, se encontraba literalmente en la calle, viviendo de la solidaridad de Lucas y de la familia de Lucas, a la espera de un juicio que, según muchos, y debido a las influencias políticas del denunciado, tenía muy pocas posibilidades de ganar.

La segunda avalancha de llamadas provino de aquellos que conocían a Nevenka, pero que no sabían nada de ella desde mucho tiempo atrás: compañeros de la carrera, que había estudiado en Madrid, amigos del CEU, familiares lejanos. A todos había que ponerles en antecedentes de la situación, pero era más fácil encontrar una pizca de solidaridad en estas personas, a las que el asunto no concernía emocionalmente, que en las cercanas.

De aquellas horas, Nevenka Fernández solo recuerda el sentimiento de desorientación, de caos, de preguntarse a sí misma dónde se había metido. Lucas y ella acabaron el día abrazados, llorando, como dos huérfanos.

Todo eran misterios

Los días siguientes no fueron mejores. La noticia apareció en todas partes. La fotografía de una Nevenka demacrada, al borde de las lágrimas, y con una chaqueta «como de su abuela» llegó a los lugares más alejados del conflicto. El hecho de que tanto la denunciante como el denunciado pertenecieran al mundo de la política explicaba en parte aquella repercusión, pero los juzgados están llenos de denuncias por acoso que rara vez dan el salto a la prensa. Había un misterio, que continúa sin aclararse, en aquella fascinación general por el caso Nevenka.

La madre de la exconcejal, en su piso de Ponferrada, vivía prácticamente frente al televisor, donde era raro el programa en el que no saltara el nombre de su hija. Nevenka, por su parte, no podía salir de casa sin ser reconocida. Su abogado recibía decenas de proposiciones para que su representada acudiera a programas de radio o de televisión. No acudió a ninguno, pese a que recibió ofertas millonarias. Tampoco concedió una sola entrevista, lo que, paradójicamente, la convirtió en una mercancía informativa más deseable.

Ismael Álvarez, por su parte, dio en muy pocos días dos ruedas de prensa y realizó manifestaciones en la Cadena SER, Radio Nacional de España y Antena 3 Televisión, entre otros medios.

En los bares y calles de Ponferrada no se hablaba de otra cosa. La población se dividió en *nevenkistas* e *ismaelitas*.

Un día, en el transcurso del programa *Día a día*, de María Teresa Campos, en Telecinco, llamó por teléfono una mujer que aseguró ser compañera de estudios de Nevenka. Dijo de ella que se trataba de una persona inestable y fantasiosa, que en una ocasión afirmó que tenía cáncer de pecho. Algunos periódicos se hicieron eco de la llamada, aunque la supuesta compañera nunca apareció. Se dijo también que un médico del colegio de las Concepcionistas, donde había estudiado, se negaba a hacerle el reconocimiento anual porque la chiquilla era una provocadora. El alcalde, que atribuyó enseguida la denuncia a una trama política del PSOE, se encastilló en la falta de pruebas y destacó, para desautorizar a Nevenka, que «la persona que acusa está en tratamiento psiquiátrico», sin caer en la cuenta de que el tratamiento psiquiátrico era la consecuencia de la situación de acoso que la joven había denunciado. Todas las historias relacionadas con Nevenka se desinflaban a los pocos días de ponerse en circulación, bien porque no aparecían los denunciantes, bien por falta de basura para continuar alimentándolas.

Los periódicos también se ocuparon de Ismael Álvarez, que rondaba entonces los cincuenta años (la edad del padre de Nevenka). Supimos que era viudo y que tenía dos hijos, uno de veintitrés años y otro de veintiséis (la edad de Nevenka). En Ponferrada era conocido como «el alcalde de las fuentes», aludiendo a su afición a las obras públicas. Por la prensa local (en muchos aspectos, prisionera del PP) poco más averiguamos de él. En cambio, *El País* lo calificaba en titulares como un «personaje de la noche ponferradina» y decía que era amigo personal del empresario José Martínez Núñez, implicado en la supuesta trama para asesinar al consejero de la Xunta de Galicia José Cuiña. Sus negocios, según el mismo artículo, estaban relacionados con discotecas y cafeterías de Ponferrada, donde solía acudir con los concejales de su grupo.

Pero más inquietante aún era el retrato que hacía de él la revista *Interviú*, que se refería al alcalde como «Ismael I, emperador de Ponderada». En uno de los despieces del reportaje, titulado «Un ajetreado día de funeral», se relataba que, el mismo día del fallecimiento de su esposa, Ismael Álvarez se presentó con sus hijos y un grupo de amigos en el restaurante Virgen de la Peña, situado en un alto de la localidad de Congosto. El restaurante estaba lleno y, aunque el alcalde pidió que les hicieran un hueco, se les dijo que tendrían que esperar. Ismael Álvarez y sus acompañantes se marcharon, pero volvieron al día siguiente, tras el entierro de la fallecida, y organizaron una pelea que hizo necesaria la intervención de la Guardia Civil. Pese a que el suceso fue presenciado por decenas de personas, el dueño del restaurante no presentó denuncia, se supone que por miedo a las represalias. De este miedo se hacían eco también en el mismo reportaje, firmado por Manuel Marlasca, empresarios de locales nocturnos que hacían, o intentaban hacer, la competencia a establecimientos, como la discoteca Delfos, en los que tenía intereses el alcalde de Ponferrada.

Así estaban las cosas, en fin, cuando Nevenka Fernández desapareció prácticamente de la escena y no se volvió a saber nada de ella hasta que meses después comenzó el juicio. Muchos todavía lo recuerdan por la sorprendente, cuando no pintoresca, conducta del fiscal José Luis García Ancos, que en una de las sesiones se dirigió a la denunciante en estos términos: «¿Por qué usted, que ha pasado este calvario, este sufrimiento, que se le han saltado las lágrimas, por qué usted que no es una empleada de Hipercor que le tocan el trasero y tiene que aguantar por el pan de sus hijos, por qué usted aguantó?».

La dureza y la grosería de los interrogatorios de este hombre fueron tales que el juez tuvo que llamarlo al orden, señalándole que Nevenka Fernández no estaba allí en calidad de acusada, sino de víctima. Días más tarde, y debido a los sucesivos escándalos producidos por su incontinencia verbal, tanto fuera como dentro de la sala, fue apartado del caso.

Por mi parte, recuerdo haber mantenido una atención irregular al suceso (del que tomaba notas que luego perdía) hasta que un día, coincidiendo con la publicación de la sentencia dictada por el Tribunal Supremo de Justicia de Castilla y León, se instaló en el centro de mis intereses y me dejó una noche en vela. Con los datos de que disponía, y que hasta aquella noche habían flotado desorganizados en la periferia de mi conciencia, pensé, una vez que comenzaron a anudarse, en la historia de esta mujer como en la de un extrañamiento. Había sido víctima de su propia cultura, una cultura machista, misógina, brutal en muchos aspectos. De hecho, cuando Ismael Álvarez perdió el juicio y se vio obligado a dimitir, Ana Botella, una de las mujeres más influyentes del Partido Popular, había alabado la actitud «impecable» del acosador sin tener una sola palabra de solidaridad hacia la víctima.

Nevenka, pues, había sido «una de ellos» hasta que «ellos» empezaron a producirle horror (y ya veremos el tamaño de ese horror). A lo largo de ese proceso de extrañamiento se convirtió en un monstruo para los suyos, pero también para sí misma, pues no había contado con una cultura de recambio que la acogiera para curarle las heridas. En cierto modo, al denunciar el caso, había renunciado a su identidad sin tener otra de repuesto.

Por si fuera poco, quedó flotando en torno a ella, y pese a haber ganado el juicio, un halo de sospecha que se resumía en expresiones del tipo «algo habrá hecho», «algún beneficio habrá obtenido», o «no puede ser tan ingenua como para no saber dónde se metía». Incluso cuando los comentarios procedían de personas de talante progresista, se advertía enseguida que el asunto había sido percibido, en el mejor de los casos, como un ajuste de cuentas entre gente de la derecha. No se negaba que Nevenka Fernández hubiera padecido acoso, pero se venía a decir que se lo tenía merecido por ser de derechas. La exconcejal de Hacienda añadía a este pecado original el de ser una mujer atractiva. Aparecieron muy pocos artículos de personas tradicionalmente comprometidas con la causa de la mujer que comentaran el suceso. Se trataba, en fin, de un caso intolerable para «los suyos», porque les había quitado la careta, pero no había logrado ganarse la simpatía de los de enfrente, aunque, para decirlo todo, tampoco lo intentó. El día de la publicación de la sentencia, Nevenka y su abogado dieron una breve rueda de prensa. Al día siguiente, comentando el caso con una conocida mía, la oí decir:

—Esa chica está hablando demasiado.

Se trataba de una percepción sorprendente si tenemos en cuenta que Nevenka apenas había dado un par de entrevistas, no había aparecido prácticamente en ningún medio ni había entrado en el circuito de los programas de televisión de sobremesa en los que explotan el «lado humano» de tales sucesos. Ante mi perplejidad, mi conocida añadió:

—Además, apareció en la rueda de prensa con una minifalda hasta aquí.

Por supuesto, Nevenka podría haber ido con una minifalda «hasta aquí» sin que ello sirviera para descalificarla. Pero ese día llevaba pantalones. Había una necesidad evidente de convertirla en culpable del acoso del que había sido víctima. Y no creo que mi conocida mintiera al decir que la había visto en minifalda: la había visto así porque necesitaba verla así. En definitiva, en este caso, como en casi todos, la mayoría vio lo que esperaba ver porque ello coincidía también con lo que necesitaba ver para que sus certidumbres no se derrumbaran.

Fue la «metamorfosis» que yo atribuía a Nevenka, y el silencio que se había establecido en torno a ella, lo que provocó mi interés. Pero había otros aspectos enigmáticos: ¿por qué rayos una chica de Ponferrada se llamaba Nevenka? ¿Dónde la hirió Ismael Álvarez para que una chica «bien», hija y nieta de empresarios de un entorno cerrado, tradicional, asfixiante, se decidiera a afrontar el escándalo que sin duda provocaría una denuncia de este tipo? ¿Dónde se había metido Nevenka desde el día en el que dimitió públicamente y puso la denuncia hasta que comenzó el juicio? ¿Por qué no había aparecido en un solo programa de televisión (había tenido ofertas millonarias) para amplificar su denuncia? ¿Por qué nadie la había entrevistado aunque todo el mundo la había perseguido?

A veces la vida produce novelas de manera espontánea y a mí me pareció que aquí había una novela. Como de todas formas no podía dormir, me levanté de madrugada y escribí una columna titulada «Nevenka». En ella, para explicarme el caso a mí más que al lector, evocaba la perplejidad creciente del personaje que en la película *Missing* interpretaba Jack Lemmon, cuyo hijo había desaparecido en el Chile de Pinochet. Cuando este hombre, un norteamericano biempensante de clase media, empieza a investigar el paradero de su hijo, experimenta también respecto a su mundo un proceso de extrañamiento que culmina con el descubrimiento de que su hijo ha muerto a manos del mismo orden que él había colaborado a construir. Al principio, el personaje no puede creer lo que ve ni lo que oye en cada una de las instancias a las que acude para recabar información. Incluso denuncia inocentemente el atropello, hasta que advierte que lo que le ha ocurrido a su hijo en el Chile de Pinochet es la norma y su desconcierto moral, la excepción. Cuando termina la película, y con ella el proceso de metamorfosis, el personaje de Jack Lemmon ha dejado de ser Gregorio Samsa para convertirse en un monstruoso insecto.

No había más que ver durante aquellos días del juicio la desesperación de Nevenka intentando demostrar lo evidente (que ella era la víctima) para advertir que también esta mujer había salido de la pesadilla transformada en un escarabajo. Ismael Álvarez continuaba representando la normalidad, de ahí el respeto que le merecía a Ana Botella y a los suyos. «Habla con él», le habían dicho ingenuamente sus padres en los momentos más difíciles, reacios a creer que un individuo que defendía el mismo orden en el que ellos creían pudiera hacer daño a su hija.

Tras escribir la columna y enviarla al periódico, me puse a hacer gestiones para localizar al abogado de Nevenka. Aún no sabía qué quería hacer, pero tenía, por decirlo en nuestro argot, el sentimiento de que ahí había «una historia» y yo quería contarla. Creo que tardé un par de días en hablar por teléfono con Adolfo Barreda, que me escuchó distante. Me dijo que Nevenka era muy reacia a hablar con los medios, aunque le trasladaría mi petición. Quedé en llamarle al cabo de unos días. Cuando contacté de nuevo con él, mi columna ya había aparecido en *El País* y les había gustado.

—Nevenka está receptiva —dijo—, pero quiere que hables antes con el señor Invisible.

Lo llamo de este modo, «señor Invisible», porque no me ha permitido desvelar su identidad, pero se trata de un periodista muy importante al que yo conocía, entre otras cosas, porque no hacía mucho había tenido que recurrir a él para que me facilitara un encuentro con un político al que quería hacer un reportaje.

«¿Qué rayos tendrá que ver el señor Invisible con Nevenka Fernández? —me pregunté—. ¿Por qué, si Nevenka confía en este hombre hasta el punto de obligarme a pasar por él antes de que nos conozcamos, no la ha entrevistado él mismo, teniendo en cuenta que cualquier acercamiento a Nevenka adquiriría la calidad de una exclusiva?».

Todo eran misterios.

Se pasaban la vida viendo películas

Hablé por teléfono con el señor Invisible, que me dio una cita para el día siguiente; me recibió en un despacho austero e impersonal como la sala de espera de un dentista. Quizá aquella ambientación, pensé, era una forma de decir a los otros o a sí mismo que se trataba de un lugar de paso. A partir de determinadas posiciones jerárquicas, los despachos están mejor amueblados que las cabezas de quienes los ocupan. No era este el caso. Vi un ordenador, un receptor de televisión y una estantería horrible con libros que parecían catálogos.

Una vez que me hube acomodado, el señor Invisible abandonó su silla, situada al otro lado de la mesa, y vino a sentarse en la que estaba junto a la mía. Creo que hablamos un poco de la actualidad, para «hacer dedos», hasta que decidí poner sobre el tapete el caso Nevenka. Le expliqué cómo veía yo el asunto con la información de la que disponía y pareció estar de acuerdo. Luego quiso saber si había pensado en un reportaje o en algo más extenso y le dije la verdad: que no tenía ni idea. Necesitaba conocer a la joven y hablar con ella antes de tomar decisiones. Como le viera dudar, añadí que me había llamado la atención el modo en que esa mujer se había autoexcluido del grupo social y cultural al que pertenecía sin tener otro de recambio.

—Es preciso —dije— un grado de valentía o de desesperación enorme para hacer algo así.

El señor Invisible me escuchaba y movía la cabeza afirmativamente. No había desconectado su móvil, al que de vez en cuando, tras observar el número de la llamada entrante, atendía pidiéndome perdón. A medida que pasaban los minutos, yo me iba convenciendo de que aquel hombre era, por razones misteriosas, la única puerta por la que podría acceder a Nevenka Fernández. Ignoraba de dónde le venía ese poder, pero se trataba de un poder real. Creo que hablé y hablé hasta que, en un momento determinado, desconectó el móvil, se inclinó un poco hacia mí, como si fuera a hacerme una confidencia, y, en efecto, me confesó lo siguiente:

—Mira —dijo—, meses antes de que Nevenka pusiera la denuncia, cuando nadie conocía su existencia fuera de Ponferrada, me llegó un soplo de alguien del PP según el cual la concejal de Hacienda del Ayuntamiento de Ponferrada llevaba varios meses prácticamente desaparecida tras causar baja laboral por depresión. Se rumoreaba, entre otras cosas, que había sufrido una situación de acoso sexual por parte del alcalde. El asunto me interesó profesionalmente, pues pensaba que si lograba entrevistarme con esa concejal, quizá podría sacar alguna información sobre determinadas operaciones urbanísticas algo dudosas que se estaban llevando a cabo en Ponferrada. El PP gobierna allí con mayoría absoluta y métodos caciquiles. Todo es hermético porque ha logrado crear una red de intereses tan brutal que nadie da un paso sin la autorización del alcalde. En Ponferrada no se cae una hoja de un árbol sin que

Ismael Álvarez lo autorice. La posibilidad de entrar en contacto con una persona que conociera el Ayuntamiento por dentro y que además hubiera trabajado en el área de economía era muy apetecible. Si esa persona había salido rebotada, mejor. Me puse, pues, en marcha para conseguir una cita con Nevenka Fernández, y el caso es que la conseguí. Ya te digo que mis intereses eran completamente egoístas, profesionales, pero todo cambió cuando estuve frente a ella. Habíamos quedado en un VIPS cercano a la plaza de España, aquí, en Madrid. Éramos cuatro: Nevenka, su novio, otra persona y yo. Cuando vi a Nevenka, me quedé espantado: parecía una criatura recién salida de un campo de concentración. Estaba en los huesos. Miraba a un lado y a otro cada vez que decía algo, como si flotara en el ambiente un peligro indeterminado que en cualquier momento pudiera materializarse. Encendía un cigarrillo con la brasa del anterior. También hacía un gesto raro con las manos, como si se las estuviera lavando continuamente, o como si quisiera deshacerse de unas ataduras invisibles. En fin, te ponía los pelos de punta. Me sentí mal por haber pretendido obtener alguna información de una persona en esas condiciones, así que cuando nos contó lo que le había sucedido le aconsejé que pusiera una denuncia, pues creo que es lo que las mujeres tienen que hacer en casos como este, y me ofrecí a ayudarla si se decidía a dar ese paso. Luego, me quité de en medio.

De súbito, escuchando al señor Invisible, comprendí por qué la rueda de prensa en la que Nevenka había dimitido había sido una obra maestra de planificación: tuve la certeza de que la había organizado él, pero no me atreví a preguntárselo. En todo caso, le dije que lo que me acababa de contar no hacía sino aumentar mi interés por el caso. Le pedí que hablara de mí a Nevenka y que me facilitara, si fuera posible, un encuentro con ella. Me prometió que lo pensaría y quedé en llamarle en unos días.

Cuando lo tuve de nuevo frente a mí, me dijo:

—Mira, Juanjo, creo que si alguien puede contar la historia de Nevenka, eres tú, y así se lo he dicho a ella. Pero también te digo que si haces daño a esa chica, no te lo perdonaré nunca.

Esta conversación tuvo lugar en junio de 2002, al poco de que se publicara la sentencia del Tribunal Superior de Justicia de Castilla y León que declaraba culpable de acoso a Ismael Álvarez, pero el encuentro con Nevenka se fue retrasando por unas u otras razones hasta finales de julio. Quedamos a la una del mediodía en el bar de un hotel de la Gran Vía madrileña. En la calle hacía un calor insoportable. Yo fui con el señor Invisible y Nevenka apareció con Lucas, su novio. Era como la había visto en las fotos de los periódicos y en la televisión, aunque había ganado peso y se la veía feliz debido a la sentencia. Además, tenía por delante unas vacaciones con Lucas, que luego se truncarían, y estaba llena de proyectos, que se truncarían también. Hablamos de esto y de lo otro, yo con miedo a decepcionarla, pero también a que ella me decepcionara y todo se terminara antes de empezar. Acababa de publicar una novela en la que había dejado muchas energías y me apetecía dedicar un tiempo de mi vida a la realidad. Era improbable que la realidad volviera a producir en mucho tiempo un caso semejante al de Nevenka

Fernández, de ahí el miedo a que las cosas no funcionaran en esta primera entrevista.

Me pareció que Nevenka se mostraba como era y no como quería ser: tal vez había llegado a ser como quería. Noté que una pareja de una mesa cercana la había reconocido y le pregunté si le ocurría con frecuencia. Dijo que si se disfrazaba un poco, no. Ese día, cuando entró en la cafetería del hotel, llevaba una gorra de béisbol cuya visera le tapaba la mitad de la cara. En un momento dado, Lucas y el señor Invisible se pusieron a hablar de fútbol, de manera que Nevenka y yo, que estábamos el uno junto al otro, nos encontramos momentáneamente aislados en el interior de aquel grupo de cuatro. Entonces me preguntó por qué quería contar su historia y me remití a los argumentos que ya había dado en la columna «Nevenka» publicada en *El País* (el extrañamiento respecto a los suyos y quizá también respecto a sí misma), pero al final añadí que no lo sabía a ciencia cierta y que esperaba averiguarlo a medida que escribiera. Seguramente dije también que ese era, por otra parte, mi modo de trabajar, tanto cuando hacía periodismo como cuando hacía literatura, en el caso de que periodismo y literatura fueran cosas diferentes. En esto, Lucas y el señor Invisible se incorporaron a nuestra conversación y cambiamos de tema. Creo que hablamos de Amelia, una hermana de Nevenka que estaba pendiente aquellos días de los resultados de unas pruebas médicas, pues tenía un cáncer del que venía siendo tratada desde el año anterior.

Nos despedimos con la promesa de hablar después del verano. Durante ese tiempo, Nevenka pensaría en mi propuesta y me respondería en septiembre.

Pasé el mes de agosto en Asturias, con mi familia, alternando el trabajo con la playa y los paseos por el campo. Durante la primera quincena de septiembre hice un viaje de promoción de mi última novela por diversos países latinoamericanos. A lo largo de todo ese tiempo mantuve una atención flotante al caso Nevenka. De vez en cuando entraba en internet y leía cosas sobre ella, sobre todo de la prensa local de León. Casi todos los medios cargaban el acento en la singularidad de que hubiera sido una perfecta desconocida para sus vecinos, hasta que en las elecciones municipales de 1999 había aparecido nada menos que como número tres en las listas del PP. Ni siquiera había hecho campaña, pues durante las fechas previas a las elecciones estaba terminando un máster de auditoría en la consultora Arthur Andersen. Tenía entonces veinticuatro años, de los que los siete u ocho últimos había residido en Madrid, donde estudió, además del COU, la carrera de Empresariales en el CEU. Jamás antes había tenido relación con la política, por lo que su inclusión en las listas del PP, y en ese puesto tan alto, era inexplicable. Dada, por otra parte, la fama de mujeriego del alcalde, se dijo enseguida que se acostaba con ella (lo que se haría verdad al poco tiempo), pero muchos especularon también con las conexiones entre el mundo empresarial y el político: el padre de Nevenka era un importante pizarrero de la región que había ocupado puestos directivos en distintas asociaciones empresariales. Se sabía que él había metido en política a Carlos López Riesco, que era el teniente de alcalde y hombre de confianza de Ismael Álvarez a todos los efectos. De hecho, al dimitir este como resultado de la sentencia condenatoria, López Riesco ocuparía su puesto pronunciando una frase terrorífica («Seguiré el programa de Álvarez como un catecismo»), que da una idea de las relaciones de sumisión imperantes en ese Ayuntamiento.

La verdad es que mi interés por el caso Nevenka tenía altibajos. Me daba miedo meterme en un asunto que me obligaría a reunir mucha documentación antes de ponerme a escribir y que en cualquier momento podría venirse abajo por falta de colaboración de su protagonista. Como contrapartida, la personalidad de Nevenka estaba llena de datos novelescos que, a medida que me adentraba en el tema, me parecían más estimulantes. Deseaba iniciar el proyecto, pero al mismo tiempo rezaba para que algún obstáculo externo lo frenara.

Cuando regresé de América, a mediados de septiembre, telefoneé a Nevenka, tal como habíamos quedado, y hablé con ella cruzando los dedos para convocar a la suerte o a la mala suerte. En esos momentos, todavía no sabía si la suerte era que sí o que no, creo que todavía no lo sé. Me dijo que estaba dispuesta a seguir adelante. Durante el verano había leído un par de libros míos y había investigado sobre mí, como yo sobre ella, en internet. Internet es como el ojo de una cerradura por el que dos personas pueden observarse mutuamente, y al mismo tiempo, sin que la una sea consciente de la presencia de la otra.

La exconcejal vivía entonces con Lucas en Talavera de la Reina, localidad de Castilla-La Mancha situada a poco más de cien kilómetros de Madrid, donde su novio trabajaba en una empresa familiar de tercera generación dedicada a la manufactura de monturas de caballo. Mientras Lucas permanecía fuera, ella buceaba en internet buscando trabajo y enviaba currículos a empresas de todos los tamaños. Por lo general, pasaba las pruebas preliminares, pero en el último filtro, cuando el jefe de personal o de recursos humanos veía el expediente y averiguaba que esa Nevenka Fernández era la misma que había llevado ante los tribunales al alcalde de Ponferrada por acoso sexual, le daba dos palmadas en la espalda y le deseaba suerte. Cualquier trabajadora que haya defendido su integridad frente a un jefe es considerada entre nosotros una mujer conflictiva.

Le propuse un método de trabajo concreto: yo me desplazaría un día a la semana a Talavera y trabajaríamos en su casa desde primeras horas de la mañana hasta media tarde. Le pareció bien y el lunes siguiente tuvo lugar el primer encuentro.

Lucas y Nevenka vivían en un piso modesto, situado en el borde mismo de la ciudad, compuesto por un salón y un dormitorio en los extremos de un pasillo a lo largo del cual se abrían la puerta de la cocina y la de un pequeño aseo. La luz era abundante, pues se encontraba en la octava planta y las ventanas del salón daban a un descampado más allá del cual se veían el río y un bosque pequeño, pero estimulante. En el salón había un sofá cama, donde dormían, porque aún no habían podido amueblar el dormitorio, y una mesa de trabajo con un ordenador. La pared en la que se apoyaba la mesa de trabajo tenía una estantería con libros. En medio del salón, sobre un artefacto con ruedas, había un televisor enorme y un aparato de DVD. Lucas y Nevenka, por lo que enseguida pude advertir, apenas salían, pero se pasaban la vida viendo películas. Lucas se acababa de matricular en un curso de guion cinematográfico a través de internet y, aunque era empresario por imperativo familiar, no había renunciado a sus intereses artísticos. En realidad, tenía poco tiempo, pues se iba a trabajar a primera hora de la mañana, regresaba sobre la una y media para comer y a las cuatro y media de la tarde estaba de nuevo en Monturas Lucas, empresa fundada por su abuelo y en la que su padre había trabajado toda su vida. Cuando en esa familia te ponían Lucas de nombre, ya conocías tu destino. Lucas aceptaba ese destino con una mezcla de resignación y humor que dejaba al interlocutor sin palabras.

Nevenka y yo nos sentábamos a una mesa camilla de aquel salón cada lunes o cada jueves, según el día que hubiéramos quedado, yo encendía el magnetofón, sacaba los cuadernos de notas y comenzábamos a hablar. Como es lógico, hablaba fundamentalmente ella. Yo me limitaba a provocarla para que se explayara, le ponía zancadillas, la colocaba frente a contradicciones. No siempre era fácil. Algunos recuerdos todavía la sacaban de quicio. De vez en cuando se hacía un canuto muy suave que le duraba toda la mañana, porque se le apagaba en el cenicero y volvía a encenderlo. Había comenzado a fumar sus primeros porros hacía unos meses, en Inglaterra, al descubrir que el hachís le hacía un efecto parecido al de los ansiolíticos, pero sin sus daños colaterales.

Como la vida es muy rara, se da la circunstancia de que en mi última novela, *Dos mujeres en Praga*, una mujer le cuenta a un escritor su vida, para que este la escriba. A veces, en las novelas se prefiguran situaciones que luego suceden en la vida real. En otra novela anterior, *La soledad era esto*, una fumadora de hachís que ha perdido la identidad la recupera cuando averigua lo que representa el hachís y deja de fumar. Yo no fumo hachís ni tabaco, aunque he sido adicto a las dos cosas. Ahora solo tomo té, de modo que mientras Nevenka fumaba y hablaba, yo tomaba notas y daba sorbos a una taza que ella me colocaba al lado del cuaderno. Cuando Lucas volvía de trabajar, nos íbamos a comer a un restaurante cercano y continuábamos hablando, ahora a tres bandas, de lo mismo. Esto es lo que me contó.

Ese hombre te habla como un amo

En el salón de la casa de los padres de Nevenka, en Ponferrada, había un acuario grande, de unos trescientos litros, en cuyo fondo reposaban los restos de un galeón junto a un tesoro formado por cofres herrumbrosos cuyo interior se presumía repleto de alhajas. A Nevenka, de adolescente, le gustaba sentarse en el suelo y observar cómo los peces de colores iban de acá para allá con la aparente falta de intención con la que las ideas se movían dentro de su cabeza (la cabeza, según Gómez de la Serna, es la pecera de las ideas).

Cierto día, cuando estudiaba COU en Madrid, advirtió, en uno de sus frecuentes viajes a Ponferrada, que la población del acuario había disminuido y que los pocos peces que aún se podían ver estaban deteriorados e inquietos. Le pareció también que sobre la superficie del agua flotaba algo semejante a un esqueleto, pero lo atribuyó a un efecto óptico.

Esa tarde, su madre le dijo que había comprado un pez negro que quizá se estaba comiendo al resto. Nevenka se asomó de nuevo al acuario y esta vez vio al monstruo, que permanecía pegado a la arena del fondo como una ventosa, oculto entre las ruinas del galeón hundido y las plantas subacuáticas. Era un bicho grande y gelatinoso que, al abrir y cerrar la boca, como es habitual en los peces, componía una expresión repugnante de suficiencia, o de crueldad.

Nevenka pidió a su madre que sacara del acuario a ese animal, pero esta le respondió que se trataba de un pez muy caro y que no estaba segura de que fuera el causante del desastre. Los peces de colores fueron desapareciendo poco a poco hasta que el negro se quedó completamente solo. De vez en cuando, la madre de Nevenka compraba dos o tres peces de colores que, si no eran devorados, aparecían flotando sobre la superficie, como si las aguas estuvieran infestadas por la energía negativa del pez negro.

Cuando viajé a Ponferrada y conocí de cerca la atmósfera moral del Ayuntamiento, me pareció que era un microcosmos de peces negros en el que había ido a caer inocentemente un pez de colores. Las posibilidades de que Nevenka sobreviviera en aquel ecosistema brutal eran simplemente nulas. Los peces, como los seres humanos, son caníbales, pero, como los humanos también, disfrutan volviendo loca a su presa antes de devorarla. Quien, por ignorancia o por crueldad, haya arrojado al interior de un acuario a un pez incompatible con los que ya estaban dentro conoce el proceso. Al principio no ocurre nada que pueda percibirse desde fuera del recipiente. Pero un día te levantas y ves que al pez de colores le falta un pedazo de la aleta dorsal. En buena lógica, piensas que alguien le ha mordido, pero no te imaginas quién, pues los peces negros se muestran tan perezosos como siempre, limitándose a haraganear por el fondo del tanque. A medida que transcurren los días, el pez de colores se va deteriorando: pierde la aleta caudal, quizá se le caen las escamas como a los hombres se nos cae el pelo en épocas de estrés. Su vida transcurre en un rincón y allí da vueltas obsesivamente. A veces, ni se mueve, porque la pérdida de la aleta caudal le impide guiarse en la dirección que desea. Los peces negros se acercan de vez en cuando a él y le dan mordiscos en apariencia inofensivos, sin que el pez de colores pueda hacer ya nada por defenderse. Mientras la familia cena viendo la teleserie de moda, a tan solo unos metros, en el interior del acuario, se está desarrollando una película muda de terror.

—¿Por qué cuando dices que Ismael te tocaba el culo o te sujetaba las manos contra la pared de su despacho para besarte contra tu voluntad no te defendías? —le preguntaban, le preguntábamos, continuamente a Nevenka (es la misma pregunta que le hizo, aunque en un registro fascista, el fiscal García Ancos: «¿Por qué usted, que ha pasado este calvario, este sufrimiento, que se le han saltado las lágrimas, por qué usted que no es una empleada de Hipercor que le tocan el trasero y tiene que aguantar por el pan de sus hijos, por qué usted aguantó?»).

La respuesta está en ese pez que un día, si alguien no le hace la caridad de sacarlo del acuario, aparecerá flotando sobre la superficie del agua partido en dos o tres mitades.

El proceso existencial que atravesó Nevenka en el interior del Ayuntamiento de Ponferrada no debió de ser muy distinto. Al principio cayó con alegría dentro de aquel mundo de machos, más que de hombres, en el que tenía que manejar un presupuesto de unos seis mil millones de pesetas: el sueño de una mujer de veinticuatro años que acababa de terminar Empresariales y ha hecho un máster de auditoría. Los peces negros pasaban junto a ella y a veces la rozaban y a veces, no. Quizá era un mundo amenazante, pero ella, desde la ingenuidad de sus veinticuatro años, estaba convencida de que podría controlarlo. Un día, al poco de tomar posesión, Carlos López Riesco, el pez teniente de alcalde, se acercó y le mordió una aleta. Fue un mordisco en frío, por inesperado. Nevenka se contempló extrañada la herida, pero llamó la atención al individuo, que se disculpó y regresó al fango de las profundidades.

El acoso no se produce de un día para otro; es un proceso lento. Cuando te tocan el culo, ya no eres nadie. No es que hayas perdido las aletas, es que has perdido la voluntad.

De cómo veían estos peces negros a Nevenka da una idea el hecho de que durante los seis meses que estuvo de baja ni uno solo de ellos se interesó por lo que le ocurría. Más aún: cuando firmaron el escrito de apoyo a Ismael Álvarez, alguno se refirió a Nevenka como «esa señorita». «Esa señorita» había trabajado con ellos más de un año. Nadie habla de una compañera de trabajo de ese modo, aunque la odie, si no es para expresar que pertenece a un ecosistema moral distinto.

Nevenka acabaría confinada también, con las defensas rotas, en un rincón del acuario. De hecho, en una dc las fases intermedias del acoso fue trasladada del despacho que había venido ocupando en la «zona noble» del Ayuntamiento a otro situado en los bajos de un edificio anexo. Por esa época, sus compañeros de trabajo, que constituían el núcleo de confianza del alcalde, prácticamente no le dirigían la palabra y le negaban las informaciones más elementales para sacar su trabajo adelante. Lo más probable es que no hubiera resistido un ataque más. Fue entonces cuando, en un movimiento de desesperación, saltó fuera del tanque, se dirigió a la estación de autobuses (a esas alturas ya no era capaz de conducir su propio coche) y tomó uno para Madrid.

La huida se produjo el 22 de septiembre de 2000, un año y tres meses después de haber jurado el cargo. Las horas previas a la toma de esa decisión, que es central en todo el conflicto, deambuló por el Ayuntamiento sin saber a quién dirigirse, a quién pedir socorro. Estaba particularmente afectada porque en los titulares de la prensa local de ese día se la acusaba de acudir a las comisiones municipales sin preparar los temas de su competencia. Y en cierto modo era verdad: el día anterior había hecho el ridículo al tener que hablar de un asunto sobre el que le habían hurtado toda la información disponible. Llevaban tiempo buscando que metiera la pata públicamente y lo habían conseguido. Tras ver la prensa, pues, erró, confundida, de acá para allá, sin saber qué solución adoptar o quizá esperando que fuera una resolución la que la adoptara a ella. Todo se desarrollaba con la mecánica precisa, aunque confusa, de un sueño que se prolongaría durante meses. En uno de esos movimientos erráticos apareció en la casa de sus padres, donde habló un rato con su hermana Laura (sus padres se encontraban de viaje). La hermana se asustó al verla tan pálida y le pidió que tomara algo y descansara, pero Nevenka le dijo que no podía, que se tenía que ir a Madrid.

Tomó prestada una bolsa de viaje de un juego de maletas de sus padres y se marchó a su propia casa, un piso luminoso, situado frente al parque del Temple, que compartía con Gordo, un perro pequeño que se había comprado al final del verano para que le hiciera compañía y con el que se identificó cuando le dijeron que era el rechazado de la camada. Tenía en las orejas un defecto intolerable en un perro de raza, por lo que se lo dejaron a mitad de precio. Nevenka metió en la bolsa lo indispensable, cogió al animal y se fue con él al veterinario, para comprar una jaula. También pidió al veterinario algún tranquilizante para Gordo, pues aunque ella tomaba Orfidal desde hacía algún tiempo (y ese día estaba hasta las cejas), sabía que los perros son diabéticos y no pueden tomar glucosa. En algún momento, entre una cosa y otra, telefoneó a Lucas, su novio, que vivía y trabajaba ya en Talavera de la Reina, para pedirle que fuera a recogerla a la estación de autobuses de Méndez Álvaro, en Madrid, donde calculó que llegaría a medianoche.

En la estación le dijeron que el perro no podía viajar con ella, aunque fuera dentro de una jaula, sino con el resto del equipaje, así que antes de subir al autobús vio desaparecer con tristeza al animal en el vientre del vehículo, junto a las maletas. Nevenka iba vestida de negro, con un jersey grande de su hermano y unos pantalones de pitillo. Durante meses vestiría así y llevaría el pelo engominado para no tener que peinarse. A lo largo de todo este tiempo no volvería a mirarse en ningún espejo. Pesaba cuarenta y ocho kilos, diez menos de lo habitual en ella, y se encontraba en un estado de agitación permanente.

Una vez en el autobús, se sentó en la parte de atrás, a la derecha, para aislarse del resto de los pasajeros, pues debía ser tan evidente su estado de ánimo que se sentía observada por todo el mundo. Afortunadamente, el autobús iba medio vacío. Al poco de arrancar, cuando intentaba descabezar un sueño para huir de la realidad, oyó a través del piso del autobús los ladridos de Gordo. Tras una tanda de ladridos venía otra de gemidos con los que el animal cogía fuerzas para volver a pedir socorro. El llanto del perro se confundía con el propio mientras le daba vueltas a la cabeza e intentaba imaginar que todo aquello no había sucedido, que jamás había trabajado en el Ayuntamiento, que no había conocido a Ismael Álvarez, que la próxima vez que se volviera a despertar en el asiento del autobús estaría regresando a Madrid desde Ponferrada, como tantas veces durante su época de estudiante. Pero cuando los aullidos del perro se multiplicaban, rompiendo en pedazos esta fantasía, aparecía la situación real en toda su crudeza: no podía regresar al Ayuntamiento si pretendía conservar la pizca de cordura que aún no la había abandonado. Aparte de eso, no tenía nada: ni la comprensión de sus padres ni los recursos económicos necesarios para sobrevivir. Se había comprado el piso de Ponferrada con una hipoteca de veinte millones de los que ni siquiera había comenzado a devolver el capital. En cuanto a Lucas, que la esperaba en la estación de autobuses de Madrid, no sabía nada de la situación de acoso que venía padeciendo desde hacía meses, porque siempre albergó la fantasía de que podría controlar el asunto sin su ayuda. Es cierto que durante las vacaciones que habían pasado juntos en agosto, cuando él la veía ensimismada (aterrorizada, en realidad, por la idea de tener que volver al Ayuntamiento a finales de mes) insistía en que le contara qué pasaba, pero ella decía que nada, porque se sentía culpable, como es frecuente en las víctimas de acoso. Lo más que había llegado a decirle eran frases del tipo: «Este tío [por Ismael Álvarez] es un moscón, no hace más que perseguirme».

Fueron cuatro horas atroces de viaje, pero Lucas estaba al otro lado, contento por aquella visita inesperada. Aunque era tarde, cogieron el coche y salieron en dirección a Talavera, un viaje de poco más de una hora. Fueron directamente a una casa que tienen los padres de él en las afueras y que estaba vacía. Nevenka iba metiéndose orfidales de manera metódica, para anestesiar el dolor moral. Se acostaron y al día siguiente, cuando se despertaron en aquella vivienda extraña, Nevenka encendió el móvil, que había desconectado al huir de Ponferrada, y vio que tenía media docena de mensajes de Ismael Álvarez. Telefoneó, aterrada, pues el alcalde había llegado a controlar su voluntad hasta tal punto que la sola mención de su nombre la hacía temblar.

Ismael Álvarez la llamó de todo. Le dijo que estaba loca («Tú no estás bien de la cabeza, Quenka» era una de sus frases favoritas), se lo había dicho tantas veces que la propia Nevenka había llegado a pensar que no estaba en sus cabales. Quizá cayó en la tentación de devolverle las llamadas para que le confirmara que estaba loca, pues si todo aquello solo estaba sucediendo dentro de su cabeza, la realidad, al menos, estaba a salvo. Se encontraba sentada en la cama, junto a Lucas, que observaba sus gestos con preocupación. Entonces accionó el mecanismo del «manos libres» del móvil y su novio escuchó el resto de la conversación. Cuando colgó, Lucas dijo:

—Nevenka, este hombre no te habla como un jefe, te habla como un amo.

Entonces, tuvo un ataque de pánico. Ella no sabía que se trataba de un ataque de pánico, pero lo cierto es que no podía respirar excepto si lloraba, pues el llanto le ablandaba, o eso le parecía, los músculos del pecho, que se habían quedado rígidos. Estuvo toda la mañana llorando para respirar, sorbiéndose las lágrimas y los mocos, que se confundían a la altura de los labios.

—Desde entonces —dice señalando el frasco de un inhalador nasal que tiene siempre a mano— no respiro bien.

Lucas no sabía qué hacer. Tiene un año más que Nevenka y jamás se había visto en una situación semejante. Una hermana suya, Sonia, estaba haciendo el MIR en el Hospital Clínico de Madrid. La llamó para pedirle consejo y consiguió que una psiquiatra de la institución le diera hora para el lunes. Eso calmó un poco los ánimos. «Si dicen que estoy loca —pensaba Nevenka—, les pediré que me encierren, que me mediquen, y así cesará la pesadilla».

Ni ideas delirantes ni pseudopercepciones

Pasado el primer momento de tregua mental, Nevenka comenzó a preguntarse qué le diría a la psiquiatra. No había ido nunca al médico y ni en sus peores sueños habría podido imaginar que estrenaría su historial clínico con una especialidad dedicada a los trastornos de la mente. De otro lado, la expresión «baja laboral» era prácticamente nueva para ella y no le cabía en la cabeza que un conjunto de desarreglos anímicos pudiera servirle como excusa para no ir a trabajar. Como la mayoría de la gente, ella también había atribuido hasta el momento a ese cajón de sastre llamado «problemas psicológicos» un alto porcentaje de «cuento». ¿Cómo demostrar que estaba mal si no tenía fiebre, si no había en su cuerpo heridas evidentes? ¿Podría solicitar la baja, como había sugerido Lucas, sin que pensaran de ella que era una caradura?

Era lunes, decíamos. El Hospital Clínico de Madrid estaba casualmente situado en la misma zona en la que Nevenka había vivido durante su etapa de estudiante. Había pasado frente a él miles de veces, pero hasta aquel lunes solo era un edificio más. Con frecuencia, en la vida, ocurre eso, que pasas miles de veces por delante de un lugar que no tiene ningún significado y resulta que está inscrito en tu destino.

Entró en el hospital a las doce del mediodía, con el desorden emocional que cabe suponer. Recorrió con Lucas y con la hermana de este, Sonia, los pasillos por los que es preciso internarse en este tipo de instituciones antes de llegar al centro de tu enfermedad, y se sentó a esperar en la antesala de la consulta. También allí, aunque no se veía la calle, se notaba que era lunes. Siempre se nota. Los martes, los miércoles, incluso los jueves, tienen el mismo sabor, pero el lunes es un día especial. Lo era en su época de estudiante y volvía a serlo ahora, en aquella consulta psiquiátrica, en la que, más que inaugurar la semana, estaba inaugurando una vida. Dice que frente a ella había un señor de unos sesenta años al que describió para sí como un «loco típico». Tal vez ella acabara como él, siendo una loca típica. Entonces, inevitablemente, le vino a la memoria una de las frases más repetidas por Ismael: «Te estás volviendo loca, Quenqui».

Entró en la consulta de la doctora Mollá a las doce y media. A cada uno de los lados de la doctora Mollá había una doctora más joven. Nevenka se sentó enfrente, separada de las facultativas por una mesa de metal.

—Cuéntanos —dijo la doctora.

La consulta duró dos horas durante las que Nevenka puso tanto empeño en describir sus síntomas como en ocultar que había tenido relaciones consentidas con Ismael Álvarez. Pensaba que cuando se conocieran estas relaciones, le dirían que todo lo que vino después se lo tenía merecido (de hecho, se lo dijeron). Por otro lado, se negaba a reconocer lo que había pasado y a aceptar lo que sería su vida después de ese reconocimiento. Dice que la doctora le preguntó si había oído hablar de una cosa llamada «acoso sexual» y a Nevenka le pareció que eso solo ocurría en las películas, y ni siquiera en las películas serias, sino en los culebrones. Ella no podía estar siendo víctima de un culebrón.

Al finalizar la consulta, la doctora hizo a mano el siguiente informe:

«Paciente de veinticinco años que acude con su novio y la hermana de este.

»Refiere sentirse muy angustiada de forma permanente desde que inició su actual trabajo como Concejal en un ayuntamiento de Galicia [sic].

»Cuenta que lo empezó con mucha ilusión y dedicación no encontrando dificultades insalvables en cuanto a dicho trabajo se refiere. La ansiedad de la paciente comenzó cuando el Sr. Alcalde inició con ella una política de acoso sexual insistente alegando que ella debía estar permanentemente a su disposición las veinticuatro horas del día y de la noche, que los amigos debían hacer el amor, etcétera. También le dejaba notas de contenido erótico, la llamaba constantemente a su móvil, etcétera. Cuando en abril, tras contar lo sucedido a sus padres, le insistió una vez más que depusiera su actitud, al parecer este señor cambió su política para con ella haciendo que el acoso se combinara con repetidas señales de "ineptitud dada la juventud de la paciente".

»Llorosa, lamenta la entrevista. Lenguaje fluido y coherente. Ansiedad y estado de ánimo bajo en relación a la situación que cuenta. Insomnio de conciliación relacionado con el mismo tema. No se objetiva alteración en el contenido del pensamiento ni en la sensopercepción. Buen apoyo familiar.

»No antecedentes psiquiátricos previos.

»Diagnóstico: trastorno adaptativo con estado de ansiedad en relación a conflicto en medio laboral».

Le recetó Tiadipona, un ansiolítico de «acción marcadamente selectiva sobre la ansiedad en todas sus manifestaciones y trastornos psicosomáticos y ansiosos con fondo depresivo», según reza el Vademécum Internacional de especialidades farmacéuticas, y Trankimazin, un «agente ansiolítico con actividad específica en crisis de angustia», por si no pudiera dormir (y no podría).

Al final del informe se recomendaba al médico de cabecera la baja laboral de la paciente y el seguimiento del caso en un centro médico de la zona.

—Pero ¿me darán la baja con esto? —preguntó Nevenka con asombro mientras tomaba el sobre que le entregaba la doctora.

—Bueno, soy psiquiatra, supongo que de algo valdrá mi opinión.

Nevenka salió a la calle y respiró hondo. No sabía qué iba a hacer con su vida durante los próximos días, ni durante las próximas semanas, pero la baja laboral, si de verdad llegaran a dársela, era una tregua que le permitiría organizarse mentalmente lejos de Ismael Álvarez, cuya presencia la bloqueaba como a una niña un ogro. Valoraba mucho, por otra parte, que alguien con una mirada objetiva hubiera comprendido su situación, porque eso quería decir que no estaba loca.

Al día siguiente, Lucas la acompañó a la estación de autobuses de Madrid y Nevenka regresó a Ponferrada con el perro ladrando o gimiendo en la bodega del autocar y con el informe para el médico de cabecera de la Seguridad Social palpitando en su bolso. El autobús iba medio vacío también.

Nevenka fue todo el camino mordiéndose las uñas, un vicio que inauguró por esa época y que aún no ha abandonado. Llegó a Ponferrada sobre las siete de la tarde y se dirigió inmediatamente al ambulatorio en compañía de su hermana Laura, que había ido a recibirla a la estación. Entró en la consulta, alargó el sobre de la doctora Mollá al médico a través de la mesa y el médico lo leyó. Luego miró a Nevenka, cuya alteración era más que evidente, y, sin hacer un solo comentario, ordenó a la enfermera que preparase la baja.

—¿Desde cuándo faltas? —preguntó.

—Desde el viernes 22.

—Pues te la doy desde el viernes.

Luego le explicó el funcionamiento de las bajas: se recogían una vez a la semana y, si pretendía salir de Ponferrada, tenía que avisar a la Inspección.

Cuando estaba a punto de abandonar la consulta, Nevenka preguntó al médico si quería quedarse con una copia del informe de la doctora Mollá y este le dijo que no. A Nevenka le pareció raro, en el buen sentido, como si en esa negativa hubiera un mensaje de solidaridad.

Esa noche durmió con su hermana Laura en casa de sus padres, que continuaban de viaje. Al día siguiente, a través de unos conocidos de la familia, consiguió el nombre de un psiquiatra de confianza en Ponferrada, pues había comprendido que necesitaría ayuda psicológica para salir adelante. Se llamaba Alfonso Hurtado y solo tenía un problema: que su consulta estaba enfrente del portal en el que vivía

Ismael Álvarez. Lo llamó, no obstante, por teléfono y consiguió hora para el miércoles, el día en el que regresaban sus padres. Ese miércoles, cuando salió de casa, le dijo a su hermana:

—Si llegan papá y mamá, les dices que estoy en el médico.

—¿En qué médico?

—En el psiquiatra —añadió Nevenka. Sabía que la información resultaría inquietante para ellos, pero prefería que se fueran preparando.

Tuvo que aparcar el coche un poco lejos y dirigirse caminando al portal, con el pánico de tropezarse con Ismael Álvarez. Cuando accedió a la consulta, comprobó que a través de las ventanas podía verse la casa del alcalde. Se lo dijo al psiquiatra y este giró las lamas de la persiana para que Nevenka no se sintiera observada. Desde entonces, siempre que entró en la consulta de Alfonso Hurtado, este había colocado previamente las persianas de manera que no se viera la calle.

Dice que entró a las cuatro y media y que salió a las nueve y cuarto de la noche. Aquí sí se atrevió a confesar que había tenido una relación consentida con el alcalde. En el informe del psiquiatra, que obra en las diligencias judiciales, se lee: «En octubre de 1999 su superior y ella iniciaron una relación afectiva que se prolongó hasta diciembre de 1999. Gente próxima a ella la puso al tanto de los rumores que circulaban en ciertos círculos de la ciudad acerca de ella por mantener una relación con su superior. En diciembre, insegura de sus sentimientos hacia él, ella decidió romper dicha relación y a partir de ese momento la posición que los miembros del equipo mantenían con ella cambió. Ciertos miembros del equipo la acusaron de que el alcalde no acudiera a las reuniones por culpa de ella, y de ser una Mata-Hari. Su superior le dejaba mensajes en su teléfono móvil y notas como "qué guapa estás hoy". La paciente siguió negándose a los avances de su superior».

El informe de Alfonso Hurtado añade, con la economía narrativa característica de la literatura forense, que Nevenka no dijo nada a sus padres por vergüenza, por miedo a que se sintieran heridos y por no decepcionarlos. Esta situación de tensión se prolongó, siempre según el informe, hasta marzo de 2000, fecha en la que el PP ganó las elecciones generales por mayoría absoluta. (En el informe de la doctora Mollá se habla del mes de abril, fecha en la que erróneamente Nevenka había situado las elecciones). Esa noche, todo el equipo de Ismael Álvarez se encontraba celebrando el triunfo electoral en un pub, pero Nevenka decidió irse a casa. Entonces, continúa el informe, «su superior y otros compañeros le insistieron para que se quedara y fueran a otro pub. Ella accedió a ir para evitar que insistieran, pero había decidido marchar a casa y así se lo comunicó a uno de los compañeros, para que no se intranquilizaran esperándola. Al día siguiente sus padres la llamaron alarmados, porque el alcalde los había llamado a las diez de la mañana diciéndoles que su hija no trabajaba satisfactoriamente. La paciente decidió entonces explicar a sus padres la situación en que se encontraba. Refería que el tener que contárselo le causó mucho dolor. La madre acudió a una reunión con el alcalde y un concejal y su impresión tras la reunión fue que el alcalde quería que dejara su puesto. El padre de la paciente aconsejó a esta que no lo hiciera. La paciente así lo hizo.

»La paciente consideró que su buen hacer y su reputación laboral estaban siendo puestas en entredicho por su superior por motivos extralaborales y le contó a este que si no le ofrecía una salida digna iba a contar a la prensa lo que estaba pasando. Explicaba que a partir de ese momento la situación laboral se hizo aún más difícil. Sintió que sus compañeros le hacían el vacío, se la cambió a un despacho de peor calidad y el equipo empezó a no informarla de decisiones que eran importantes para que pudiera realizar su trabajo eficazmente. Su superior le hacía comentarios tales como "con lo bien que nos podríamos llevar...". Su trabajo empezó a ser denigrado en público (y en una ocasión ante la prensa) por su superior.

»Ella cree que la calidad de su trabajo era satisfactoria y está afectada porque su profesionalidad haya sido cuestionada y criticada por razones extralaborales. La paciente explicaba que en el mes de marzo "fue cuando toqué fondo", aunque una vez que pasó el dolor de que su familia conociera el problema empezó a encontrarse mejor con ella misma, "pero peor en el trabajo". La situación en el trabajo siguió deteriorándose hasta que la paciente sintió, en la semana anterior a la consulta, que su estado mental no la permitía aguantar más y fue dada de baja laboral».

El informe añade, entre otras cosas, que «no hay en la paciente ideas delirantes u obsesivas» ni «pseudopercepciones».

Comprendió que estaba sola

Cuando Nevenka volvió de la consulta del psiquiatra, sus padres acababan de regresar de Isla Mauricio, donde habían pasado unos días de vacaciones. Nevenka ignoraba si habían preguntado por ella y si sabían que volvía de la consulta de un psiquiatra. En todo caso, no dieron muestra de ello. La madre empezó a deshacer las maletas y a sacar los regalos. Nevenka dice que le trajeron un collar rojo, de piedras, que nunca se ha puesto. Estaba dándole vueltas a cómo comenzar a hablar cuando el padre comentó que habían coincidido en Tordesillas, donde se habían parado para tomar algo, con Ismael Álvarez y Carlos López Riesco.

—¿Y qué os han dicho? —preguntó Nevenka.

—Nada, que qué tal todo.

Si pensamos que Nevenka estaba de baja desde el 22 de septiembre y que había transcurrido ya una semana, resultaba como mínimo extraño que ni Ismael Álvarez ni Carlos López Riesco preguntaran por ella o avisaran a sus padres de que la joven llevaba siete días sin aparecer por el Ayuntamiento.

Entonces Nevenka rompe a llorar y dice que no quiere volver al Ayuntamiento, que el alcalde continúa persiguiéndola y que ya ha comprendido que nunca la dejará en paz.

Sus padres mostraron extrañeza: todo cuanto sabían concernía a los acontecimientos de marzo, a los que se refiere Alfonso Hurtado en su informe. En aquella fecha había surgido, en efecto, el primer chispazo que presagiaba el cortocircuito que se estaba produciendo ahora. El detonador había sido la fiesta en la que el equipo de gobierno municipal celebraba la victoria por mayoría absoluta del PP en las elecciones generales, pero la carga explosiva se había ido acumulando por la adición de pequeños sucesos de acoso, cada uno de los cuales, aisladamente considerados, eran como las letras desprovistas de significado de un alfabeto. Había que colocar esos acontecimientos uno al lado del otro para advertir que había una sintaxis y un mensaje de terror en el conjunto.

Por otra parte, había sido el propio Ismael Álvarez quien había hecho saltar la chispa al telefonear a los padres de Nevenka para decirles que su hija no trabajaba bien. También esta llamada da idea del tipo de relaciones del alcalde con la realidad. Se suponía que Nevenka era una persona adulta: la concejal de Hacienda y Comercio de un ayuntamiento cuyo presupuesto era de unos seis mil millones de pesetas. Lo lógico, si no estaba satisfecho con sus servicios, hubiera sido que hablara con ella, y no con sus «papás», como si el Ayuntamiento fuera un parvulario y los concejales los párvulos. Lo cierto es que dio en el blanco, porque a Nevenka, que siempre había tratado de demostrar que era una persona responsable y autónoma, nada podía hacerle más daño emocional que ir a sus padres con una historia de ese tipo.

Dice que en marzo, cuando no tuvo más remedio que confesar a sus padres que había tenido una relación consentida con el alcalde para que comprendieran lo ocurrido después, su padre le dijo una frase que no olvidará nunca:

—Si te gustan los viejos, ¿por qué no subes a la residencia del Imserso?

Pero la situación de marzo había quedado más o menos arreglada después de que Ismael, ante la amenaza de Nevenka de contar a la prensa lo que venía ocurriendo si era cesada arbitrariamente, le pidiera disculpas y le jurara que dejaría de perseguirla. Nevenka, por su parte, todavía creía que podría controlar la situación. Siempre había ejercido un control férreo sobre su vida y la sacaba de quicio la sola idea de que algo la desbordara. Hizo cálculos. Apenas faltaban cuatro meses para que llegara el verano. Pensó que si lograba controlar la situación durante esos cuatro meses, quizá las vacaciones funcionarían como un corte, tal vez Ismael se enamorara de otra y las cosas volvieran a su ser.

Sus padres no habían pasado de los sucesos de marzo y no sabían o no habían querido saber que la situación no había hecho más que deteriorarse desde entonces. Es cierto que Nevenka no iba mucho por su casa, para evitarles preocupaciones, pero las pocas veces que se veían se limitaban a decirle, frente a su evidente pérdida de peso, que tenía que comer más.

Ahora, a mediados de septiembre, acababan de llegar de Isla Mauricio con regalos para toda la familia. Lo que menos esperaban o querían esperar era una situación como aquella. Nevenka les dijo que estaba destrozada, que acababa de volver de la consulta de un psiquiatra. Les enseñó el informe de la doctora Mollá, que lo llevaba consigo a todas partes, como un documento de identidad. En cierto modo, lo era. Ellos intentaban poner calma, porque no comprendían la gravedad del asunto (y tardarían mucho en comprenderla). El empeño de Nevenka en darse de baja y desaparecer del Ayuntamiento les parecía una decisión irracional, tomada en caliente. Al final, su padre dijo:

—No te preocupes, no vas a volver al Ayuntamiento si no quieres, pero vamos a hacer las cosas bien.

«Hacer las cosas bien» consistía en dimitir y decidir más adelante qué acciones emprender en relación al comportamiento del alcalde. Nevenka se dio cuenta de que sus padres no entendían la dimensión del problema que había dentro de su cabeza. Dimitir y relegar a un futuro indeterminado qué acciones tomar no era ni más ni menos que dar la razón a todos los que decían que era una inepta y que había accedido al puesto por acostarse con el alcalde.

Dice que estaban en la cocina de la «casa grande», la «casa bonita», como la suele llamar, un dúplex de más de trescientos metros cuadrados, con un salón enorme en cada piso, que se habían comprado sus padres el mismo año en el que ella había ido a Madrid para hacer el COU, la casa del acuario con el pez negro, que Nevenka, sin embargo, jamás sintió suya. De súbito, la extrañeza que sentía respecto a la casa se trasladó también a sus padres. No entendían nada, no se daban cuenta de que si salía del Ayuntamiento de ese modo, no tendría adónde ir, no encontraría trabajo en mucho tiempo, pero, sobre todo, no podría vivir con la rabia de sentirse despojada por un sujeto que le había perdido el respeto y la había llevado hasta el límite de la desesperación. Comprendió que estaba sola, completamente sola, y que ella tampoco era capaz de explicar cómo había llegado a aquella situación, porque había sido un proceso lleno de sutilezas, repleto de actos cuya verdadera dimensión no se comprendía si no estaban debidamente articulados y ella era incapaz de articularlos en aquel momento, en la cocina de aquella casa extraña, en presencia de aquellos padres que le empezaban a parecer también extraños.

Tuvo la impresión de que había un complot y, en cierto modo, lo había, pues ¿cómo iban a permitir los componentes de aquella realidad de provincias, tranquila, biempensante, endogámica, que una mujer de la burguesía reconociera que había tenido relaciones con el alcalde, que le doblaba la edad, y que este, uno de los suyos, había abusado de ella tras inutilizarla psicológicamente? Una sociedad biempensante, de derechas (y no de una derecha cualquiera, sino de una derecha caciquil, en la que el alcalde telefoneaba a los padres de los concejales cuando no estaba satisfecho con su rendimiento), no tenía más remedio que pensar que aquella joven se merecía todo lo que le había ocurrido. Nevenka siempre había adorado a su padre y, de repente, comprendió que también él la había abandonado.

Su única fuerza radicaba en no dimitir, que era un clavo ardiendo al que se agarró con todas sus fuerzas mientras hacía concesiones en todo lo demás.

Como era evidente por su estado que ya no podía vivir sola, fue a su piso, recogió las cosas esenciales y se metió en la casa de sus padres. Vivía prácticamente en la cama, aturdida con los ansiolíticos. La idea de salir a la calle y tropezarse con el alcalde o con alguien del Ayuntamiento le producía escalofríos.

Del Ayuntamiento telefoneaban seis o siete veces al día, bien las secretarias o cualquier otra persona. Cogía el teléfono la madre de Nevenka y decía que su hija se encontraba en la cama, pero ellos decían que la concejal tenía que ir urgentemente a firmar algo. La madre trasladaba el recado a Nevenka con expresión de censura, como si su hija estuviera faltando gravemente a sus obligaciones.

—Mamá, que estoy de baja. No tengo que ir a firmar nada. Son trampas de Ismael para hacerme ir, porque sabe que en su presencia me bloqueo, me aterrorizo, soy incapaz de pensar...

Su padre llegaba por las noches y se ponía «razonable», lo que Nevenka no sabía si era peor. Se dio cuenta de que empezaban a mirarla como si se estuviera volviendo loca porque, si no estaba loca ella, estaba loca la realidad.

Entonces, comprendió que si continuaba en casa de sus padres, acabaría yendo al Ayuntamiento para complacerles y el horror se reproduciría de nuevo. También podía dimitir, desde luego, pero después de dimitir, ¿adónde iría con aquel bulto de angustia, de frustración, de desasosiego, en el pecho?

El cerco se estrecha

Así llegó el 7 de octubre, una semana después de su primera visita a Alfonso Hurtado, el psiquiatra de Ponferrada con el que había pensado iniciar un tratamiento. Ese día Nevenka se levantó de la cama y decidió que se marchaba a Madrid porque la pesadilla, en la «casa bonita» de trescientos metros de sus padres, donde el pez negro había acabado años atrás con todos los peces de colores, se amplificaba. Se hacía tan grande como los salones, como las habitaciones, subía y bajaba por las escaleras con el ruido terrible con el que las ideas obsesivas suben y bajan por las laderas del pensamiento.

Decidió irse, pero le daba miedo hacerlo sin el permiso de la Inspección de la Seguridad Social, pues sabía que Ismael Álvarez estaba al tanto de todos sus movimientos y que utilizaría cualquier error que cometiera para hacerla volver. Se levantó pronto, si es que durmió, dice, y fue a recoger el papel. Dice que la doctora de la Inspección salió a saludarla y que le dio su teléfono particular por si necesitaba algo.

—Tienes que renovar el permiso una vez al mes —le informó.

Desde allí se marchó con el perro a la estación de autobuses. Cuando estaba llegando a la estación, sonó el móvil. Era su padre, que le habló en un tono muy razonable para convencerla de que no se fuera a Madrid. Nevenka nunca se había enfrentado antes a su padre, lo que él decía iba a misa, pero sabía que si no abandonaba aquella casa y aquella ciudad, se volvería loca. Era una decisión sin marcha atrás. A medida que el padre comprueba la resistencia de Nevenka, se va irritando. Recurre a toda clase de argumentos; el último, que le va a amargar el cumpleaños, que celebraban ese día, a su hermana Laura.

—Tú sabes que soy tu padre y que deseo lo mejor para ti —añade.

—Lo sé —dice Nevenka.

—Entonces acepta lo que te digo: te estás equivocando.

—No te lo puedo explicar mejor, papá, pero me tengo que marchar.

En ese instante se cortó por alguna razón la comunicación. A los pocos segundos volvió a sonar el móvil de Nevenka y al otro lado estaba de nuevo su padre, que había abandonado el tono paternal y paternalista anterior al creer que Nevenka le había colgado. Ahora le hablaba a gritos. Entonces Nevenka se dio cuenta de que era su madre quien le hablaba. La voz pertenecía a su padre, pero los contenidos eran de su madre:

—¡A ver si Laura se merece esto! —gritaba el hombre, dándoles vueltas a las mismas ideas, a los mismos argumentos.

Finalmente, uno de los dos colgó y Nevenka entró con el perro en la estación de autobuses. Era casi una repetición del viaje anterior, el del 22 de septiembre, pues iba vestida con el mismo jersey y con los mismos pantalones negros. El perro volvió a gemir y ladrar desde el maletero, el paisaje volvió a sucederse sin sentido al otro lado de la ventanilla. Ella volvió a dormir y a despertar sin que su deseo de que todo fuera un mal sueño se cumpliera, y Lucas la esperaba otra vez en la estación de autobuses de Madrid. («En aquella época, si no hubiera sido por Lucas, me habría muerto», repite).

Fueron al piso que la familia de su novio tenía en la calle de San Francisco de Sales en Madrid, muy cerca, por cierto, del Hospital Clínico, pero también próximo al apartamento que ella había ocupado en su época de estudiante. Los padres de Lucas habían comprado aquel apartamento en la época en la que él estudiaba Empresariales en Madrid (y donde conoció a Nevenka) y ahora lo utilizaba Sonia, la hermana de Lucas, que estaba haciendo el MIR en el Clínico. Nevenka telefoneó a sus padres para comunicar que había llegado bien y que estaba en casa de Lucas. Cogió el teléfono Laura, su hermana pequeña, que, como hemos dicho, ese día cumplía diecisiete años. Nevenka la felicitó, pero la notó distante y seca. Le preguntó si le ocurría algo y Laura respondió:

—Quenka, tú estás enferma. Tienes que volver a casa.

De nuevo era su madre quien se manifestaba, esta vez a través de su hermana. Nevenka es la mayor de cuatro hermanos y ha crecido con el síndrome de «hermana mayor». Siempre ha estado preocupada por cada uno de ellos. «Yo no puedo estar bien si mis hermanos no están bien», dice. Cada una de las frases de su hermana era como un cuchillo. Se echó a llorar y cogió el teléfono Lucas. Hay un instante terrorífico en la conversación entre su novio y su hermana, un instante en el que Nevenka mira a Lucas y observa que permanece callado, escuchando lo que le dice Laura desde el otro lado. Se da cuenta de que hay en su novio un movimiento casi imperceptible de duda. Le están diciendo que Nevenka está loca, que es anoréxica (al parecer, sus padres habían encontrado una explicación a la progresiva delgadez y desmejoramiento de su hija; una explicación que no hacía temblar los cimientos de su mundo).

Lucas permaneció callado durante quince o veinte segundos. «Los peores de mi vida —dice Nevenka—. Los veinte segundos que más sola he estado en toda mi vida». Finalmente, oyó decir a Lucas:

—Es tu hermana.

—Pero está loca, miente, tiene problemas —decía Laura al otro lado.

Nevenka miró a su novio y le imploró:

—No les creas, Lucas.

Lucas no les creyó. Cuando escribo estas líneas todavía sigue al lado de Nevenka. Ha pasado por pruebas que pocos hombres habrían soportado y lo ha hecho todo con una naturalidad que desconcierta. Una vez le pregunté por qué creía que estaba enamorado de Nevenka y su respuesta fue:

—Porque Nevenka es muy grande. Ella no es consciente de lo grande que es.

Tras aquella conversación telefónica, Lucas y Nevenka se miraron sin imaginarse el calvario que todavía les quedaba por recorrer. Yo, a veces, más que como a una pareja de novios, los veo como a dos hermanos perdidos en el bosque. Tienen algo de Hansel y Gretel enfrentándose a peligros para los que nadie les había preparado y, en cierto modo, su historia es una historia de iniciación a la vida.

«Imagina la situación —me diría Nevenka—, un noviazgo casi recién comenzado... [aunque Lucas y Nevenka se conocieron durante la carrera, su noviazgo se había iniciado varios años después y unos meses antes de que estallara el conflicto]. Yo, en una casa que no era mía, preguntándome qué pensarían los padres de Lucas de la situación. Luego, cuando me ponía en el lugar de la gente que me había votado, me daban sudores fríos. ¿Estarían todas esas personas pendientes de si iba o no iba a trabajar?».

En aquel apartamento de San Francisco de Sales sufrió un descenso a los infiernos. Tenía dos habitaciones que se abrían a un corto pasillo que procedía del salón. Ella dormía en el sofá del salón, prácticamente vivía allí, a veces con la televisión encendida; a veces, no. Dice que cuando cerraba los ojos se imaginaba a sí misma como una fortaleza en ruinas. No había una sola dependencia de su ser que no hubiera sufrido los estragos de aquel asedio que primero había acabado con su voluntad y después con su cuerpo. Con todo, jamás pasó por su cabeza que aquello fuera a durar tanto. Estamos en octubre de 2000 y la denuncia no se interpondría hasta marzo del siguiente año. Pasaba casi todo el día sola, porque Lucas estaba en Talavera, trabajando, y su hermana, Sonia, paraba poco por allí, porque tenía novio. Sola, con el perro. Se hundió.

El perro le daba lástima porque apenas lo sacaba, no tenía fuerzas para ello. El animal se meaba y se cagaba y, cuando la veía llorar, se ponía a gemir. A veces, dice, miraba al perro y me parecía que dependía de mí como yo de Ismael. Como no lo sacaba, se meaba y yo lo reñía. Lo trataba como Ismael a mí.

Cuando yo lloraba, el perro se me ponía aquí encima y lloraba conmigo. Y yo le fustigaba como Ismael me fustigaba a mí. Con el perro podía hacer lo que quería y siempre estaba ahí para recibir los palos. Luego lo sacaba un rato de paseo, como me sacaba de paseo Ismael a mí, y me lo perdonaba todo.

Tomaba los ansiolíticos y tranquilizantes sin ninguna medida, para lograr un grado de aturdimiento que la ayudara a no pensar. Todo su esfuerzo iba dirigido a no pensar, porque cuando pensaba cómo había llegado a aquella situación se volvía loca. A veces ponía la cabeza debajo de la ducha y la dejaba allí hasta que el agua salía muy fría y entonces le dolía por eso, por el frío, pero no por pensar.

Cuando estaba muy tirada, tomaba un par de Katovits para poder levantarse. Se trata de un compuesto indicado en situaciones de cansancio físico precoz y estados de agotamiento por causas diversas. Pero al poco de tomarse el Katovit se metía un Trankimazin para rebajar la angustia que le provocaban los estados de lucidez. Llegó a tomarse diez o doce al día. Su efecto venía a durar unos cincuenta minutos, pero la resaca le dejaba un dolor de cabeza que combatía con gelocatiles. Nunca ha vuelto a estar bien del estómago. En su casa tropiezas con remedios para el ardor de estómago por todas partes. Para bajar a la calle a hacer la compra se tomaba otro Katovit, u otros dos. Compraba cuatro cosas y subía corriendo al apartamento. Apenas comía, porque lo vomitaba todo y porque tenía el estómago destrozado. Tomaba yogures y Almax, mucho Almax, que, pese a su nombre, es un protector estomacal. Las crisis de llanto se alternaban con estados de estupor.

Cuando tocaba fondo, y lo tocó al menos en un par de ocasiones en que se pasó de pastillas, telefoneaba a Lucas, que abandonaba el trabajo y venía a Madrid para estar con ella.

Con sus padres ya prácticamente ni hablaba. Se habían cortado los hilos de comunicación. Ellos habían hecho un diagnóstico que ponía a salvo su mundo, aunque condenaba a su hija, y vivían instalados en el convencimiento de que Nevenka se había vuelto loca, cuando era evidente que quien estaba loco era el mundo real. Nevenka había pertenecido a ese mundo loco del que ahora se iba alejando, del que iba cayendo sin tener otro mundo que la acogiera. Por otra parte, la realidad vino a socorrer a sus padres, a darles la razón, porque en esta época es cuando empiezan a circular por Ponferrada los pasquines según los cuales Nevenka Fernández, la concejal de Hacienda y Comercio del Ayuntamiento, se encuentra en Madrid haciendo una cura de desintoxicación de drogas. En realidad, se estaba entregando a ellas: al Trankimazin, al Katovit, etcétera. Tenemos constancia de que Ismael Álvarez habló o se vio al menos en dos ocasiones con los padres de Nevenka, pues el complot de la realidad se estrechaba a medida que la situación se prolongaba. En una de estas ocasiones, según me confesaría la propia madre de Nevenka, el alcalde les propuso internarla por la fuerza, puesto que era evidente que estaba loca.

En los instantes, pocos, de serenidad, leía un libro que le había pasado Lucas, que es un lector raro, titulado *La emboscadura*, de Ernst Jünger, en cuyo prólogo leemos: «En la antigua Islandia, al hombre que había entrado en grave conflicto con la sociedad le quedaba un recurso: el *Waldgang*, la emboscadura. Aquel hombre se retiraba al bosque, se convertía en un *Waldgänger*, un emboscado. Allí vivía de sus propias fuerzas, apoyado en sí mismo. Para sí, era él su propio sacerdote, su propio médico, su propio juez».

Nevenka era una emboscada.

Un día estaba en el sofá, leyendo o releyendo a Jünger, pues su falta de concentración era tal que a veces tenía que leer diez veces el mismo párrafo, cuando sonó el teléfono. Era Conchi, la interventora de la sucursal bancaria de Ponferrada en la que el Ayuntamiento ingresaba la nómina de Nevenka y amiga de ella. Nevenka notó enseguida que no sabía cómo decirle lo que le tenía que decir. Por fin se arrancó:

—Ha llegado la letra del piso y en la cuenta no hay dinero suficiente para pagarla...

—¿Cómo que no hay dinero? —preguntó Nevenka extrañada.

—Es que el Ayuntamiento te ha ingresado la mitad de dinero de lo habitual...

Nevenka ganaba unas trescientas mil pesetas mensuales. De ellas, dedicaba ciento treinta mil a la hipoteca y unas quince mil a gastos de comunidad. Con el resto vivía.

Comprendió enseguida que aquella rebaja de su sueldo constituía un modo más de presión para que entrara en cintura. Se hundió, se veía con el piso embargado, enferma y sin recursos, poco menos que en la beneficencia pública. A las únicas personas a las que podía pedir ayuda económica era a sus padres, pero estos no se la darían sin condiciones. Si aceptaba la ayuda de sus padres, se cerraría otra vez el círculo del terror.

Se tomó un Katovit y, cuando comenzó a hacerle efecto, telefoneó al Ayuntamiento y habló con la secretaria de Tesorería. Le contó lo que había ocurrido con la nómina y añadió, intentando hablar con normalidad:

—Supongo que será un error...

—¿Por qué no llamas a Ismael? —sugirió la secretaria.

—No puedo llamarle por razones personales, pero dime si es un error.

—Yo creo que sí —respondió la mujer.

Colgó más tranquila, pero la tranquilidad duró poco. La parte del sueldo que no le habían ingresado formaba parte de todo ese conjunto de complementos que ensucian y confunden las nóminas para que la gente cobre menos. El argumento del Ayuntamiento era que para cobrar esos complementos había que ir a trabajar. Más tarde, en el juicio, se demostraría que el teniente de alcalde, Carlos López Riesco, en una situación de baja laboral por la que había pasado hacía unos meses, había cobrado el sueldo íntegro, complementos incluidos. Pero eso no sirvió de nada. Nevenka telefoneó a una representante de Comisiones Obreras con la que había entablado muy buena relación y esta le dijo que, según el convenio, tenía todo el derecho a cobrar esos complementos. Pero telefoneó también al Ministerio de Trabajo y le dijeron que su puesto era político y que lo más probable es que no tuviera nada que hacer.

En todo caso, no tuvo nada que hacer. Estamos a mediados de octubre y el cerco en torno a ella se estrecha. El dinero le venía permitiendo tomar decisiones. Ya no.

Un encuentro con el enemigo

A finales de octubre, Nevenka vuelve a Ponferrada para hacer frente a los problemas que se van acumulando. Ha decidido visitar a sus padres, para ver si la relación mejora y puede contar, si no con su ayuda material, al menos con su apoyo moral; también ha de poner a la venta el piso, puesto que no puede continuar pagándolo. Además, quiere tener un encuentro con Alfonso Hurtado, el psiquiatra, y bulle en su cabeza una idea en principio disparatada: la de hablar con Charo Velasco, la portavoz del PSOE en el Ayuntamiento y su adversaria política, para ponerla al tanto de los acontecimientos y pedirle que no saque provecho de la situación. Nevenka temía que si la baja por enfermedad se prolongaba, fuera el PSOE el que exigiera a Ismael Álvarez ocupar su vacante.

En esta ocasión llega a Ponferrada con Lucas, que la ha llevado en su coche. Una vez instalados en el piso de soltera de Nevenka, se dirige ella sola a casa de sus padres.

Le abrió la puerta Maite, la asistenta de la familia, que nada más entrar la cogió del brazo con violencia y le dijo:

—Sube ahora mismo a ver a tu madre, que está enferma por tu culpa.

A Nevenka le pareció que la miraba con odio, como si fuera una asesina. Subió. Su madre estaba en la cama, «muriéndose».

—Vengo a hablar contigo, mamá —le dijo.

Pero enseguida comprendió que no había forma humana de entenderse. Es verdad que sus padres, una vez que se formalizó la denuncia, se pusieron incondicionalmente de su parte, pero ahora todavía vivían en el otro lado de la realidad. Se dio cuenta, por si fuera poco, de que creían realmente que era una drogadicta. Anoréxica, loca y drogadicta: el chivo expiatorio perfecto para usarla de cubo de la basura. Podían colocar en ella todo lo que detestaban de sí mismos y continuar viviendo más o menos felices en aquel mundo perfecto, provinciano, endogámico, donde el alcalde, que controlaba gran parte de los negocios nocturnos, jugaba durante el día a ser el padre de los contribuyentes.

Nevenka estaba loca y era anoréxica por razones evidentes. Ahora bien, ¿por qué era drogadicta?

Un día, poco antes de huir a Madrid, estuvieron en su casa dos amigas que se fumaron un par de porros. La asistenta de los padres, que limpiaba también la casa de Nevenka, descubrió al día siguiente aquellas colillas sospechosas que fueron mostradas a la familia como prueba de cargo.

Nevenka, sentada a los pies de la cama de su madre, trató de hablar con ella hasta que se dio cuenta de que era imposible. En un intento por conmoverla dijo:

—Me han quitado la mitad del sueldo.

—No te corresponderá —respondió su madre.

Al poco llegó el padre y se metió en la conversación. Enseguida empezaron las voces. Nevenka dijo que había venido a ver a Alfonso Hurtado, el psiquiatra, y les pidió que la acompañaran. El padre, fuera de sí, argumentó que los psiquiatras dicen lo que quiere oír el que los paga.

El encuentro terminó de mala manera, sin acuerdo. Sus padres, que hasta entonces se habían ocupado de recoger las bajas en la Seguridad Social, le dicen que a partir de ahora las bajas son un problema de ella.

Por la tarde, fue con Lucas a la inmobiliaria, para poner el piso a la venta y evitar el embargo. Se moría de vergüenza cada vez que notaba que alguien la reconocía en la calle. Sabía que para ellos era esa mujer que se encontraba en Madrid haciendo una cura de desintoxicación de drogas o metida en una secta. Fue a ver también a sus abuelos, que le prometieron ocuparse de recoger las bajas y enviarlas al Ayuntamiento. La vieron tan delgada que sacaron jamón y chorizo, como si en aquella breve visita pudiera recuperar algunos gramos. También fue a ver a Alfonso Hurtado, a quien le contó cómo estaba más o menos la situación.

Pero el encuentro más conmovedor, y quizá el más decisivo de cara a los acontecimientos futuros, fue el que tuvo con Charo Velasco. Esta mujer era, como decimos, la portavoz del PSOE, principal partido de la oposición, en el Ayuntamiento de Ponferrada. Había sido, pues, la adversaria política de Nevenka Fernández. Y no habían tenido otra relación fuera de la esfera de lo político.

Nevenka llevaba un mes de baja. No era una concejal cualquiera, pues su cargo era de los de dedicación exclusiva. Coloquémonos en los zapatos de Ismael Álvarez. La situación para él tenía que ser incómoda. Después de los sucesos del mes de marzo, cuando Nevenka le dijo que, si no le daba una salida digna, denunciaría a la prensa lo que había ocurrido, no se atrevía a cesarla. Quizá esperaba que la oposición le obligara a hacerlo. Pero Charo Velasco, pediatra en ejercicio y casada con un catedrático de Literatura que da clases en el instituto de Ponferrada, no es una política al uso, casi diríamos que no es una política. Cuando se supo que Nevenka estaba de baja por «depresión», pidió a los miembros de su grupo que no lo utilizaran para atacar al Partido Popular. Más tarde, cuando comenzaron a circular los pasquines según los cuales Nevenka estaba haciendo una cura de desintoxicación, prohibió expresamente que se recurriera a esos rumores para desgastar al partido gobernante. Es posible que Ismael Álvarez estuviera desconcertado al ver que la oposición no le ayudaba a actuar contra Nevenka.

Pero su desconcierto aún tendría que crecer, pues en este viaje de finales de octubre, Nevenka tomó la decisión de llamar a Charo Velasco para contarle lo que pasaba. Lucas se lo había desaconsejado. Hablar con alguien de la oposición política era como entregarse a los leones. Le parecía muy expuesto. Nevenka recuerda que le dijo una frase enormemente sensata:

—Ten en cuenta que las puertas que vayas abriendo no podrás volver a cerrarlas.

Pero Nevenka decidió fiarse de su olfato y telefoneó a Charo Velasco. Le dijo que se encontraba en Ponferrada y que le gustaría verla. La citó en su piso, que en esos momentos era ya un piso del banco.

Cuando Charo Velasco colgó el teléfono tras haber hablado con Nevenka, se quedó preocupada. No sabía si aquello era una encerrona, aunque no podía imaginar de qué tipo. Dudó si acudir o no a la cita. Finalmente, cuando decidió que debía acudir, reunió a los concejales de su grupo político y les explicó lo que pasaba para que estuvieran advertidos frente a cualquier situación extraña.

La cita era a última hora de la tarde. Ya había anochecido cuando Charo Velasco atravesó el parque del Temple, donde Nevenka solía pasear a su perro, llamó al telefonillo y subió al piso. Nevenka le presentó a Lucas, que tras un saludo de cortesía, ató el perro a la correa y se lo llevó a la calle. Nevenka Fernández y Charo Velasco, adversarias políticas en un sitio donde el adversario político es tu enemigo, se fueron al salón y se sentaron una frente a otra.

Nevenka comenzó a hablar atropelladamente. Dijo que estaba de baja por depresión y se levantó para enseñarle los papeles, las bajas, los informes psiquiátricos. Charo Velasco se apresuró a responder que no quería ver nada. Nevenka le relató entonces sucintamente la situación y Charo insistió en que pusiera límites a lo que le contaba. Le daba miedo que la chica hablara de cosas íntimas y más tarde se arrepintiera de ello. Pero pronto se estableció entre ambas un clima de mutua confianza y charlaron durante mucho rato, mientras Lucas daba vueltas con el perro por el parque del Temple. Lucas, cuyas referencias narrativas son sobre todo cinematográficas, me diría que se sentía como un espía paseando al perro mientras la concejal del PP y la portavoz del PSOE hablaban. Cada poco miraba hacia arriba, veía la luz de las ventanas y luego comprobaba la hora. No sabía si era bueno o malo que la conversación durara tanto.

Charo Velasco, por su parte, me diría que lo que ella había visto era una mujer violada. Poco antes de despedirse, le aseguró a Nevenka que ni ella ni su grupo político utilizarían su situación para obtener beneficios electorales, y así fue. De hecho, Charo Velasco se reunió de nuevo con sus concejales y, tras ponerles al tanto de la parte que podía transmitir de su conversación con Nevenka, les prohibió que utilizaran aquello que, políticamente, era una guinda: el alcalde sorprendido en un asunto de acoso sexual... En muchas ocasiones, gente de su partido reprochó a Charo Velasco no haber utilizado el asunto para desgastar a Ismael Álvarez, pero ya hemos dicho que no es una mujer de temperamento político o simplemente que es honesta, algo tan raro en la política. Se despidió de Nevenka deseándole suerte y recomendándole que se dejara ver por especialistas.

Por aquellos días, junto a los pasquines que acusaban a Nevenka de estar en una cura de desintoxicación o de haberse metido en una secta religiosa, había empezado a correr también, como es lógico, el rumor de que Nevenka se encontraba de baja médica por depresión debido a una situación de acoso que había padecido por parte del alcalde. Cabe imaginar el desconcierto de este al ver que el tiempo transcurría sin que el principal partido de la oposición utilizara el rumor o se quejara de que una concejalía de esa importancia continuara vacante. Álvarez podía presionar a Nevenka arrebatándole parte de su sueldo, pero no se habría atrevido a cubrir su puesto a menos que la oposición le hubiera ayudado. Nunca recibió esa «ayuda», por lo que, pasado el tiempo, intuyó oscuramente que había habido un complot. Y lo había habido: lo curioso es que no se forjó tanto para hacerle daño a él como para ayudar a Nevenka. La «conspiración», en fin, si se le pudiera dar ese nombre, era el resultado de un movimiento de solidaridad hacia una persona con las defensas rotas, pero también el producto de un deseo de informar sobre la verdad. El señor Invisible me diría un día, creo que citando a García Márquez, que cuando la verdad no aparece, alguien tiene que ocuparse de ella.

Cuando uno lee la prensa local de aquellos días, resulta pintoresco comprobar el odio que Ismael Álvarez desarrolló hacia Charo Velasco. Seguramente nunca entendió que no cayera rendida ante él. En los primeros encuentros políticos la trató de forma chulesca, como un macho, más que como un hombre, pero Charo siempre fue a lo suyo. El desconcierto llegó al punto de que en cierta ocasión acusó públicamente a la portavoz socialista de habérsele insinuado al ofrecerle ir en un viaje de trabajo a Valladolid en el mismo coche. La decepción debió de ser aún mayor cuando comprobó que Charo Velasco ni siquiera se molestó en responder a esa tontería.

Nevenka Fernández pasó unos días en Ponferrada y volvió con Lucas a Madrid el 25 de octubre, el día de su cumpleaños. La víspera, Laura, su hermana pequeña, fue a su casa a llevarle un regalo, y Nevenka, que estaba fuera de sí, lo arrojó al suelo.

—¡El regalo que quiero es que me entendáis! —dijo.

Fue como apretar el gatillo

En estas circunstancias, estaba un día tirada en el sofá de la casa de la familia de Lucas en Madrid, prestando una atención intermitente a la televisión, cuando apareció en pantalla una mujer que relataba una experiencia de acoso sexual. La mujer se llamaba Inma Canet y dirigía o presidía una asociación para la defensa de la mujer acosada (APADEMA). El término «acoso» había dado vueltas en la cabeza de Nevenka desde que se lo mencionara la doctora Mollá, pero lo había rechazado para describir su situación porque lo asociaba a mujeres incapaces de defenderse, y no era esa la imagen que tenía de sí. Sin embargo, la mujer de la televisión, al contar su experiencia, parecía que estaba relatando la de Nevenka. De súbito, alguien de fuera ponía palabras a la sospecha de dentro.

Al acabar la entrevista, Nevenka entró en internet, vio la página de la asociación a la que pertenecía Inma Canet e hizo un primer contacto a través del correo electrónico, sin señalar que era concejal del PP ni entrar en detalles sobre su caso. Le respondieron enseguida dándole algunas indicaciones sobre el funcionamiento de la asociación, que al parecer se mantenía con las cuotas de sus asociadas, y ofreciéndole ayuda.

La idea de denunciar a Ismael Álvarez, que había venido latiendo en las profundidades como una larva, salió a la luz. Era evidente que no iba a volver al Ayuntamiento y que, tarde o temprano, tendría que romper el vínculo que mantenía con esa institución, pero el único modo de hacerlo salvando los muebles, o lo que quedaba de ellos, era denunciando la agresión de la que había sido objeto.

No obstante, se trataba de una decisión difícil. Denunciar significaba montar un escándalo, sobre todo si tenemos en cuenta que Nevenka era una «niña bien» de Ponferrada, una «pija», por decirlo rápido. Pertenecía a una familia de empresarios de segunda generación muy conocida en toda la zona. Sus abuelos eran mayores y, sin duda, les haría mucho daño ver que su nieta mayor, a quien siempre habían soñado casar de blanco, reconocía haber tenido una aventura con un individuo que le sacaba casi treinta años. Haría mucho daño a sus hermanos también, y quizá a sí misma, pues ignoraba cómo sería su existencia después de pasar por los juzgados.

Pero como uno es víctima de sus hallazgos, cuando Nevenka fue capaz de poner palabras a lo que le había ocurrido y comprendió que las leyes podían restituir parte de lo que le había sido arrebatado, la idea continuó creciendo en su cabeza y, con ella, la de convencer a sus padres de que la apoyaran.

Durante esos días suceden varias cosas que ponen el rumbo de los acontecimientos en la misma dirección. De un lado, APADEMA, la Asociación para la Defensa de la Mujer Acosada, le ha ofrecido su apoyo moral y jurídico. De otro, recibe una llamada de Charo Velasco, la portavoz del grupo socialista en el Ayuntamiento de Ponferrada. Dice que conoce a una persona que puede ayudarla y quedan en verse en un VIPS que hay cerca de la plaza de España, en Madrid, cita a la que Nevenka acude con Lucas.

Cuando llegan a la cafetería, Charo Velasco está sentada junto al individuo al que hemos venido refiriéndonos como el «señor Invisible». Tras las presentaciones, al advertir Lucas y Nevenka que se trata de un periodista importante, están a punto de salir corriendo. Hasta ahora, habían evitado a la prensa. El instinto, que no la experiencia, les había dicho que en el momento en el que se convirtieran en mercancía informativa su vida se transformaría en un culebrón y estarían perdidos. Charo Velasco, por otra parte, no dejaba de ser una adversaria política que quizá intentara sacar partido de aquel estado de cosas. Es más: lo raro, en función de la idea que tenemos de la política y de los políticos, era que no lo hubiera intentado ya. Mientras se tomaban sus cocacolas, Nevenka y Lucas se tocaban por debajo de la mesa, preguntándose si no acababan de caer en una trampa.

Charo Velasco y el señor Invisible los tranquilizan, pero animan a Nevenka a denunciar la situación y a hacer pública la denuncia.

—Si fueras mi hermana —le dice el señor Invisible—, te diría lo mismo. Mientras el asunto no se sepa, tú no podrás recuperarte y el acosador podrá continuar haciendo de las suyas.

Nevenka duda. Va hacia delante y hacia atrás. No ha tenido jamás contacto alguno con la Justicia. Ignora cómo es ese mundo, pero conoce el dicho «Pleitos tengas y los ganes». En ella se enfrentan con idéntica violencia el miedo a la publicidad y la necesidad de que le sea restituido, en parte al menos, lo que le ha sido arrebatado. Finalmente, pregunta si sería muy caro iniciar un proceso de ese tipo, pues la situación económica en la que se encuentra, después de que le hayan rebajado el sueldo a la mitad y con la hipoteca del piso pendiendo sobre su cuello como una guillotina, es desastrosa. El señor Invisible le dice que eso es como todo, que se trata de buscar al abogado adecuado.

—Y seguro que lo hay —afirma.

Nevenka añade que necesita unos días para pensarlo y se despiden.

La conversación posterior con Lucas y con la familia de Lucas no ayuda a aclarar el panorama. Su novio no está de acuerdo con la idea de denunciar a Ismael Álvarez, nunca lo estuvo, pues tenía pánico, y con razón, al alud de consecuencias indeseables que podría acarrear y bajo las que podían quedar sepultados. Los padres de Lucas, que hasta ese momento habían apoyado en todo a la pareja, dicen que es una locura. Cuando se enteran, por otra parte, del nombre del periodista que se ha ofrecido a ayudarles, se echan las manos a la cabeza. Les parece imposible que el señor Invisible no actúe por intereses personales y solo por intereses personales. Nevenka también tenía sus dudas. De hecho, estuvo esperando durante mucho tiempo que el señor Invisible le pidiera la devolución de aquel favor. Pero nunca lo hizo.

Tomaría, pues, la decisión de denunciar en contra, absolutamente en contra, de la opinión de todo el mundo: de sus padres, de sus suegros, de su novio, de sus hermanos, incluso, quizá, en contra del sentido común... He de decir que si yo la hubiera conocido entonces y me hubiera pedido consejo, también le habría dicho que se olvidara del asunto, que dimitiera como concejal para romper ese vínculo patológico con su pasado, y que procurara rehacer su vida en la confianza de que el tiempo colocaría las cosas en su sitio y restañaría las heridas. Dicho en otras palabras: desde cualquier temperamento convencional o no convencional, denunciar era un disparate por el coste económico, por el coste psicológico, por las consecuencias imprevisibles que la denuncia podría acarrear y porque tenía muy pocas posibilidades de que los cargos contra el alcalde llegaran a buen puerto. El delito de acoso es nuevo en nuestro ordenamiento. La ley es misógina, cuando no claramente machista. Y otra cosa: Ismael era un hombre poderoso desde el punto de vista político y le sobraban recursos económicos para contratar a los mejores abogados. Nadie es tan ingenuo, o tan ignorante, como para minusvalorar las influencias del poder político y el económico sobre el judicial. Por otra parte, si uno repasa algunas sentencias de los últimos años relacionadas con denuncias que tienen que ver con la violencia ejercida sobre el cuerpo o la mente de las mujeres, se le ponen los pelos de punta.

Lo sensato, en fin, era dimitir y olvidarse del asunto. Cabe, pues, preguntarse dónde hirió Ismael Álvarez a Nevenka Fernández para que esta, en contra de la opinión de todo el mundo, en contra de sus intereses inmediatos, en contra también de sus afectos, decidiera poner aquella denuncia de la que todavía no se ha repuesto, pese a haberla ganado. En cierto modo, y de la misma manera que en los tribunales norteamericanos se empiezan las sesiones con el anuncio «El pueblo contra Fulano de Tal», en este caso, parodiando esa fórmula, podrían haber comenzado diciendo: «El caso de Nevenka Fernández contra la realidad».

Los acontecimientos se van precipitando, decíamos, porque Nevenka comienza a moverse, pero también porque la realidad parece haberse puesto en marcha con ella.

Entretanto, y debido a su prolongada estancia en Madrid, se ve obligada a trasladar su expediente de la Seguridad Social. Una vez realizados los trámites, la ve una doctora de cabecera que la deriva a una psiquiatra. De este modo, Nevenka Fernández entra en contacto con un mundo nuevo para ella, pues se da cuenta del funcionamiento de las instituciones públicas, que es francamente mejorable. En la puerta del consultorio de la Seguridad Social al que ha sido derivada hay un cartel en el que pone: «Centro psiquiátrico». A Nevenka le da vergüenza entrar y, de hecho, recorre la calle arriba y abajo un par de veces antes de decidirse. La atiende una doctora a la que verá en el futuro cada quince días y que se limita a proveerla de pastillas. Las pastillas empiezan a entrar en su casa por cajas. Cada semana, cajas y cajas de pastillas. Entre pastilla y pastilla, Nevenka se va afianzando en la idea de que parte de la terapia psicológica que necesita para recuperar su autoestima pasa por denunciar a su agresor.

Un día le pregunté a Lucas por qué creía él que Nevenka había tomado finalmente esa decisión tan arriesgada:

—Porque no podía vivir con eso dentro —dijo que le había dicho Nevenka—. Porque si no denunciaba se moría. Quizá si denunciaba también, pero prefería morir de ese modo.

Nos encontramos a finales de noviembre, y un día, en medio de todas estas zozobras, suena el teléfono y oye la voz de Ismael Álvarez al otro lado:

—Quenqui... —le dice como si se hubieran visto el día anterior, como si no hubiera ocurrido nada, como si la Nevenka de finales de noviembre fuera la de primeros de septiembre.

Nevenka tenía un vaso de agua en la mano y le ocurre una escena de película, pues sus dedos se contraen involuntariamente en torno al vaso con tal violencia que lo rompe y se hace una herida. Viendo caer los cristales, responde:

—No, Ismael, ya no soy Quenqui, soy Nevenka.

Ismael intentó enredarla, que si como estás, que si quiero hablar contigo porque lo único que quiero es ayudarte, etcétera. Nevenka le dijo que no quería hablar y colgó el teléfono. Instantes después, mientras se limpiaba la sangre en el cuarto de baño, se dio cuenta de que había sido capaz de contestarle («No, Ismael, no soy Quenqui, soy Nevenka») y eso le hizo sentirse fuerte. No se había quedado bloqueada, ni sin respiración, que era lo habitual. Está convencida de que a Ismael Álvarez le dio el teléfono su madre, pero su madre me diría que no. En todo caso, tampoco era difícil de averiguar.

A partir de ese día el teléfono se convirtió en una amenaza más y no siempre que sonaba era capaz de cogerlo. Se dio cuenta de que Ismael estaba preocupado al comprobar que ella se encontraba ya fuera de su radio de acción. Tal vez confiaba en que tras rebajarle el sueldo a la mitad, y conociendo como conocía su situación financiera, volvería al redil. Pero no volvió.

Lejos de eso, Nevenka concertó una cita con Alfonso Hurtado, el psiquiatra de Ponferrada. La idea era que acudieran también sus padres para llevar a cabo una especie de terapia familiar que provocara ese apoyo moral que Nevenka necesitaba para hacer frente a la situación, sobre todo si finalmente se decidía a poner la denuncia. El psiquiatra les dio hora para el 29 de noviembre. Nevenka viajó a Ponferrada en esa fecha, recogió a sus padres y se encaminaron los tres a la consulta.

Primero habló Nevenka unos minutos a solas con el psiquiatra. Le anunció que estaba pensando en la posibilidad de dimitir y poner una denuncia al mismo tiempo. El psiquiatra le preguntó si se podía hablar de todo delante de sus padres. Ella dijo que sí.

Nevenka califica aquella reunión de «catastrófica». La conversación en un tono normal duró unos tres minutos. Estaban los tres sentados frente al psiquiatra. Alfonso Hurtado introdujo el problema. Dijo que Nevenka estaba dándole vueltas a la posibilidad de denunciar al alcalde, lo que constituía un modo de comenzar a resolver el problema, pero que no se sentía apoyada por ellos. Los padres, en efecto, eran partidarios de que dimitiera, sin más, y luego ya se vería. La madre sacó a relucir el asunto de las colillas de porro que la asistenta había visto en un cenicero de su piso. Continuaba aferrada a la idea de que su hija era una drogadicta con problemas de anorexia, lo que quizá era más tranquilizador que aceptar la verdad. Nevenka calificó de mentira algo de lo que decía su madre y el padre se puso hecho una furia.

Gritó a Nevenka que no llamara a su madre mentirosa o se levantaba y se iba. Según el informe del psiquiatra, que obra en las diligencias judiciales, «la paciente se encontraba mejor, más equilibrada. Había sido capaz de contestar una llamada telefónica de su jefe. Se sentía orgullosa de haber podido hacer eso y creía que esto había sido positivo para su autoestima».

«Su apetito —continúa el informe— seguía siendo malo y había perdido algo más de peso [...]. La paciente pensaba que tenía que presentar la dimisión en el trabajo, pero no sabía cuándo ni cómo hacerlo [...]. Sobre la posible denuncia, se comentó que si decidía llevarla a cabo, lo hiciera cuando se encontrara lo suficientemente fuerte como para poder soportar las presiones con las que de forma presumible se iba a encontrar durante el proceso judicial [...]. Durante esa entrevista, la paciente lloró con frecuencia y su equilibrio afectivo, aunque subjetivamente había mejorado, objetivamente seguía siendo frágil».

Nevenka regresó a Madrid peor de lo que se había ido, pero dispuesta a continuar luchando. De hecho, pocos días después telefoneó al señor Invisible y le dijo que adelante, que le recomendara un abogado, porque estaba dispuesta a iniciar un proceso judicial. «Fue —me diría— como apretar el gatillo cuando juegas a la ruleta rusa, pero ese día no me tocaba morir».

Habitaciones comunicadas

A partir de esa llamada, o de ese disparo, Nevenka no para de moverse. Acude puntualmente a la psiquiatra de la Seguridad Social, desde luego, pero sabe que esos contactos no bastan y que tiene que buscar la forma de fortalecerse interiormente para afrontar la denuncia. Busca instituciones, localiza teléfonos. Uno de los primeros números a los que llamó era un 902 de la Comunidad de Madrid. Recuerda que le respondió una máquina. ¡Había una máquina, sí, para atender a llamadas de personas desesperadas, con necesidad de una respuesta urgente! Una amiga le recomendó entonces que telefoneara a un sitio que se llamaba Secretaría Confederal de la Mujer, perteneciente a una institución que no logra recordar. Llamó seis o siete veces sin obtener respuesta y lo dejó.

En internet encontró muchas referencias, pero la mayoría se referían a casos de malos tratos familiares. El problema de la red era la falta de jerarquización. No había nada claro. Las páginas solidarias se confundían con las de negocio y resultaba agotador diferenciar unas de otras. Entonces telefoneó a una prima que era concejal socialista del Ayuntamiento de Arganda y le preguntó si conocía a alguien que pudiera echarle una mano. Su prima le dijo que tenían en el Ayuntamiento una Concejalía de la Mujer en la que trabajaba una psicóloga. Nevenka consiguió una cita y viajó a Arganda. A los treinta minutos de comenzar la entrevista, la psicóloga aún no había dicho nada.

—Pero ¿me podéis ayudar? —preguntó al fin Nevenka.

—No, nosotros venimos aquí dos veces a la semana.

A primeros de diciembre, el señor Invisible le presenta a Adolfo Barreda, el abogado que se hará cargo de su caso. Nevenka acude al bufete con Lucas y permanecen varias horas en el despacho, relatándole la historia. La impresión que Nevenka produjo al abogado no fue muy distinta de la que causó en el señor Invisible. Barreda me contó que Nevenka estaba delgada, ansiosa, confundida y que fumaba sin parar. Lucas, por su parte, permanecía perplejo, pues se fue enterando de todos los detalles del acoso a medida que Nevenka se los contaba a terceras personas. Es un asunto del que todavía les cuesta hablar sin intermediarios. Entraron en el despacho de Adolfo Barreda a las cinco de la tarde y salieron a eso de las once de la noche.

Barreda dijo que estaba dispuesto a hacerse cargo del asunto, pero que necesitaba algo de organización, pues el relato de los acontecimientos era muy confuso. Pidió a Nevenka que estableciera cronologías y que reuniera todas las pruebas que fuera capaz. Además, le regaló un libro, *El acoso moral*, de Marie-France Hirigoyen, con la recomendación de que lo leyera cuanto antes.

Este libro es la Biblia para comprender lo que ocurre en tales situaciones. Al hablar de la personalidad del acosador, dice: «Estos individuos solo pueden existir si *desmontan* a alguien: necesitan rebajar a los otros para adquirir una buena autoestima y, mediante esta, adquirir el poder, pues están ávidos de admiración y de aprobación. No tienen ni compasión ni respeto por los demás, puesto que su relación con ellos no les afecta. Respetar al otro supondría considerarlo en tanto que ser humano y reconocer el sufrimiento que se le inflige». Y más adelante añade una frase que dejó a Nevenka sin aliento por la precisión con la que describía su propia experiencia: «En este libro demostraré que el primer acto del depredador es paralizar a su víctima para que no se pueda defender».

Cuando Nevenka Fernández leyó este párrafo, recordó las dificultades que había tenido para responder cuando le preguntaban:

—¿Y tú por qué no hacías algo cuando se masturbaba delante de ti?

No sabía qué responder porque lo ignoraba. Había cultivado de sí misma la imagen de una mujer con recursos y no podía comprender aquella parálisis de cuya existencia hablaba ahora el libro de Marie-France Hirigoyen. «De todos modos —me diría—, no deja de ser curioso que en estas situaciones preguntemos a la víctima por qué no se defendió en vez de preguntar al agresor por qué atacó».

Es verdad: todo está montado para la criminalización de la víctima, porque el acoso, aunque no necesariamente en el grado brutal en el que lo sufrió Nevenka, está integrado como un modo de relación laboral, social o familiar. Condenarlo sin contemplaciones supondría una amenaza para la realidad establecida. De hecho, tal y como explica Marie-

France Hirigoyen, la «victimología» es una disciplina reciente. Mi procesador de textos acaba de poner una raya roja debajo de esta palabra, victimología, porque no la reconoce. Tampoco aparece en diccionarios de uso recientes como el *Clave*, aunque sí en el *Diccionario del español actual*, de Manuel Seco, que lo define como «una rama de la criminología que estudia a la víctima». Nació de este modo, es cierto, pero tiende a ser mucho más. Según Marie-France Hirigoyen, la victimología «se dedica a analizar las razones que conducen a un individuo a convertirse en víctima, los procesos de victimización, las consecuencias para la víctima, y los derechos a que esta puede aspirar». La introducción al ensayo termina con esta afirmación: «Las cosas empiezan con un abuso de poder, siguen con un abuso narcisista, en el sentido de que el otro pierde toda su autoestima, y pueden terminar a veces con un abuso sexual».

Al leer estas primeras líneas, Nevenka comprendió que el libro de Hirigoyen estaba «poniendo palabras», como unos días antes lo hiciera Inma Canet por la televisión, a lo que le había sucedido. Recordó, entre otros, un acontecimiento padecido en Valladolid, adonde tuvo que acudir por razones de trabajo en compañía del alcalde. Recordemos que en marzo de 2000 había sucedido la primera crisis y que Ismael Álvarez había dado marcha atrás frente a la amenaza de Nevenka de contar a la prensa las verdaderas causas de su cese, en el caso de que este se produjera sin que se le ofreciera una salida digna.

Ahora estábamos en mayo y, tras una jornada de trabajo, Ismael y Nevenka se dirigieron al hotel. A Nevenka no le gustó que las dos habitaciones estuvieran a nombre del alcalde, ni que fueran contiguas. Ismael Álvarez lo señaló, al salir del ascensor, como si se tratara de una coincidencia.

La habitación de Nevenka tenía al fondo una puerta de la que al principio no se percató. Dice que se recuerda de pie, frente a su cama, cuando de súbito oyó un ruido detrás de sí y, al girarse, apareció el alcalde, que dijo en tono de broma:

—¡Sorpresa!

Nevenka le pidió que volviera a su habitación y él dijo que solo tenía ganas de hablar.

—Es que estoy muy cansada, no quiero hablar, solo quiero dormir.

—Bueno, pues déjame que me acueste aquí, al lado tuyo... No te voy a violar... ¡Vaya amiga que eres! ¡Vaya persona de confianza!

Dice Nevenka que ese fue el primer momento en el que tuvo conciencia de que no se podía mover.

—Él —añade— estuvo tocándose, a mí me tocó lo justo... Yo me acosté de lado, mirando hacia la pared, y estuve despierta toda la noche. Escuchaba sus jadeos, pero me hacía la dormida. Cuando lo oí roncar, serían como las siete de la mañana, me levanté, me lavé mucho las manos y me marché. Lo que más te hace sufrir es que no puedes explicar por qué no te has levantado y te has marchado antes. Si tú cuentas esta situación aislada, como tuve que contarla en la instrucción del sumario y en el juicio, la primera pregunta que te hacen es: ¿Y cómo te quedaste ahí? Te sientes culpable por no haberte levantado, te sientes cómplice, porque ni tú misma te das cuenta de que hasta llegar a ese punto han ido ocurriendo miles de pequeñas cosas que te han reducido a esa condición inerte. Las llamadas al móvil, por ejemplo, eran continuas. Había días en los que me dejaba catorce o quince mensajes. Y si yo protestaba, me tachaba de loca, como si todo fuera un problema de exceso de susceptibilidad por mi parte. Llegué a creer que estaba loca de verdad. Un día me tocó el culo en el despacho y yo me volví y le dije que qué hacía y me dijo que me tocaba el culo porque le salía de los cojones y que a ver qué iba a hacer yo, ¿denunciarle? Otras veces se tocaba a sí mismo para mostrarme una erección y decía que era yo la que le ponía así. Durante mucho tiempo, la primera llamada de su móvil era al mío y, naturalmente, siempre tenía que desayunar con él. Quería que durmiésemos la siesta juntos. «Solo dormir», decía, y cuando yo me negaba, decía que estaba histérica, que no me quería violar, sino dormir a mi lado únicamente. Salía mucho mi padre en las conversaciones. Ismael me decía que todo el mundo era así, y que todo el mundo ponía los cuernos a todo el mundo. «¿Qué crees que hace tu padre cuando va de viaje?». Trataba de desmontarme todo. Todo era normal, todo, menos mis resistencias a convertirme en un objeto para él. Si un día me iba del Ayuntamiento un poco a escondidas, para librarme de su acoso, me dejaba mensajes que yo vivía como amenazas terribles: «Muchas gracias por vulnerar la norma común de que todos salimos al mismo tiempo del Ayuntamiento», por ejemplo. Era todo el rato así. Me buscaba encerronas con excusas de trabajo. Un día me llamó para que le acompañara a la radio. Yo tenía una visita en el despacho y le dije que en ese momento no podía. Me respondió que cuando el alcalde decía que tenía que ir a la radio, tenía que ir a la radio, que un concejal tenía que estar las veinticuatro horas del día a disposición del alcalde. Si ponía objeciones, entonces yo era una incompetente, una inmadura, una loca.

Todos estos mecanismos de anulación de la personalidad se describen en el libro de Hirigoyen con tal precisión y minuciosidad, y son sin duda tan universales, que Nevenka tenía, al leerlo, la impresión de que contaba su propio caso. «El acoso —dice Hirigoyen— nace de una forma anodina y se propaga insidiosamente. Al principio, las personas acosadas no quieren sentirse ofendidas y no se toman en serio las indirectas y las vejaciones. Luego, los ataques se multiplican. Durante un largo periodo, y con regularidad, la víctima es acorralada, se la coloca en una posición de inferioridad y se la somete a maniobras hostiles y degradantes».

La hostilidad, por cierto, no venía solo por parte de Ismael, que con frecuencia hacía también de «policía bueno», sino de todo el entorno laboral. Desde la crisis de marzo, los concejales con dedicación exclusiva la rehuían, le hurtaban la documentación imprescindible para sacar adelante su trabajo, y cuando se dirigían a ella solo era para reprocharle que el alcalde estuviera de mal humor por su culpa.

No es raro, pues, que Nevenka Fernández se aferrara al libro de Marie-France Hirigoyen como un náufrago a una tabla. No solo describía su situación, sino que a veces parecía leerle el pensamiento, como cuando en la página 68 de la edición española dice: «Presentar una denuncia es la única manera de terminar con el psicoterror. Pero hay que tener mucho valor o haber llegado verdaderamente al límite, pues implica una ruptura definitiva con la empresa. Por otra parte, no hay ninguna garantía de que la denuncia prospere, ni de que desemboque en un resultado positivo».

En efecto, no había garantías. El propio abogado, Adolfo Barreda, se lo había manifestado. Pero era la única manera de terminar con el psicoterror, tal como le habían dicho también Charo Velasco y el señor Invisible. En cuanto a lo de «romper con la empresa», para Nevenka suponía mucho más. En realidad, ella ya había roto con su empresa, que era el Ayuntamiento, pero la denuncia significaría romper con su mundo. No olvidemos que Nevenka era «uno de ellos», y que dejó de serlo a través de un proceso de extrañamiento que solo podía terminar en los tribunales.

Fechas que no cuadran

Pero ¿cuándo había empezado realmente ese proceso de extrañamiento respecto de su propio mundo?

Nevenka tiene quince años, está pasando el día en casa de sus abuelos paternos, en Ponferrada. Ha encontrado una caja con fotografías familiares que se entretiene en ver para matar el tiempo. Entre las fotografías, aparece el Libro de Familia de sus padres. Lo abre por curiosidad, para ver la foto, y lee también los datos contenidos en él. Entonces comprueba con asombro que las fechas de la boda de sus padres y la de su nacimiento no «cuadran». Según el Libro, ella había nacido a los dos meses de la boda, asunto incomprensible y seguramente escandaloso en la Ponferrada de los años setenta, cuyas costumbres no habían evolucionado al mismo ritmo que en el resto del país.

Nevenka llamó a su abuela y le dijo ingenuamente que aquellas fechas estaban equivocadas. La abuela se puso roja y farfulló un par de monosílabos al tiempo que arrebataba el Libro de Familia a la niña. La escena resulta conmovedora si pensamos que Nevenka estudiaría Empresariales y se especializaría en auditoría. Los auditores, por lo que yo sé, se dedican a comprobar si los números «cuadran». Aquella primera experiencia de Nevenka Fernández como auditora de sí misma había sido un desastre.

Las fechas no «cuadraban». Ese desajuste, que en el resto de España no habría tenido la menor importancia, en la Ponferrada de los setenta (ella nació en 1974) y en el seno de una familia como la suya pudo haber sido un verdadero escándalo.

Podemos decir, en fin, que Nevenka tenía una marca de nacimiento complicada: había venido al mundo fuera de plazo. Pero hay más. Paquita, su madre, era hija del panadero de un pueblo de Ciudad Real. Cuando tenía diez años, su madre enfermó de cáncer y la familia viajó a Madrid para que la enferma tuviera los cuidados que precisaba. Dice Nevenka que su abuelo materno se gastó todo el dinero que tenía en la «bomba de cobalto». La panadería quedó en manos de un socio y al final acabaron perdiéndola. La madre de Paquita murió a los treinta y nueve años, cuando la niña tenía once.

Ese desastre doméstico es el principio del fin. La bomba de cobalto hace saltar en añicos el horizonte tranquilizador de una familia que se instala definitivamente en Madrid con más pena que gloria.

Paquita acabó el instituto y se puso a trabajar. Cuidaba niños, por lo visto.

Juvencio, el padre de Nevenka, hijo de un empresario de Ponferrada, tenía entonces veintiún años y estudiaba en Madrid, donde conoció a Paquita y la dejó embarazada. Cuando se enteraron del percance, la familia puso a Paquita en la calle. Estaba embarazada de seis meses y no tenía adónde ir, de modo que cogió la maleta, se dirigió a la estación de autobuses, apareció en Ponferrada y llamó a la puerta de sus suegros. Cabe suponer que la aceptaron de mala gana, pues el embarazo daba al traste con los estudios de su hijo, que ahora tendría que hacer frente a las responsabilidades familiares. Casaron de forma clandestina a los jóvenes, dos meses antes de la fecha, para evitar el escándalo. Llegada la hora del parto, Paquita fue inscrita en la residencia de la Seguridad Social de Ponferrada en calidad de criada de los abuelos. Técnicamente, pues, Nevenka es hija de la criada de sus abuelos. No solo nació fuera de fecha, sino fuera de lugar. Está llena de marcas cercanas a las del bastardo. Por si fuera poco, nació mal, con una hernia, que hubo que operar cuando tenía cuatro meses, y era poca cosa y muy fea. Dice que su madre, cuando la vio, preguntó decepcionada:

—¿Y para esto he sufrido yo tanto?

No obstante, Paquita, que había tenido que someterse a todo lo que le exigieron para ser aceptada por su familia política (no estaba en condiciones de negociar), puso una rara condición a la hora de bautizar a la niña: que se llamara Nevenka. Era otra forma de descolocar a la recién nacida, pues vivir en Ponferrada con ese nombre es como vivir en la estepa rusa llamándose Mari Carmen. Pero nadie logró apearla de esa idea, ni siquiera el cura, que al no ver en el santoral ninguna santa con ese nombre sugirió, y es lo único en lo que Paquita cedió, que se le pusiera delante María. De este modo, Nevenka fue bautizada como María Nevenka. Lo primero que hizo Paquita al llegar a casa fue arrojar la primera parte del nombre a la basura. Nevenka siempre ha sido Nevenka (en los documentos oficiales, *Nevenca*, pues la letra *k* no está bien vista por los funcionarios públicos).

¿Y por qué Nevenka? En homenaje a una amiga rusa que Paquita tuvo en su juventud y con la que parece que llegó a hacer algún pase de modelos en El Corte Inglés. Las cosas complicadas tienen respuestas sencillas. Cuando conocí a Paquita y le pregunté por su amiga Nevenka, pues la verdad es que me habría gustado conocerla, me dijo que había desaparecido hacía muchos años sin que se volviera a saber nada de ella.

Uno ignora cómo los individuos llegan a conocer todas y cada una de las marcas invisibles de su nacimiento, pero lo cierto es que se saben y que influyen más cuanto más se ocultan. Nevenka, como todo «bastardo», intuyó que tenía que hacer méritos para conseguir un lugar en aquella familia.

—El reconocimiento de mi padre —me diría— siempre ha sido muy importante para mí.

Nevenka fue la buena de la familia, la sensata, la estudiosa, en contraposición a su hermana Amelia (la segunda, quince meses menor), a la que, si querías que cerrara una puerta, tenías que pedirle que la abriera. Nevenka era tan dócil que si le decían que había que estar en casa a las diez, llegaba a las diez menos cuarto. Está acostumbrada a ocultar los sentimientos de malestar. En alguno de sus informes psicológicos he leído que es «una comprensiva patológica», es decir, que tiene una tendencia enfermiza a ponerse en los zapatos del otro. Un día, contando ya más de veinte años, volvió a casa de sus padres de madrugada y, al intentar abrir la puerta, se dio cuenta de que había olvidado la llave. Para no molestar, permaneció el resto de la noche sentada en la escalera. La descubrió una vecina, tiritando, con cuarenta de fiebre.

Más aún: el padre de Nevenka es karateka, cinturón negro, y adora las artes marciales, como cabe suponer. Pues bien, Nevenka fue a los catorce años campeona de España de judo en su categoría.

Un día estábamos comiendo Lucas, ella y yo en un restaurante cuando me pareció observar que hacía con la mano izquierda un gesto característico de la zurdera. Se lo comenté y me dijo que había sido zurda, en efecto, pero que se *volvió* diestra cuando en el colegio le dijeron que «eso» no estaba bien.

—No tuve que pelear demasiado para ser diestra —dice—, empecé a escribir con cinco años. Recuerdo a una profesora del parvulario inclinándose sobre mí, diciéndome: «Es con la derecha, se hace con la derecha». No digo que no me costara trabajo, pero no fue dramático. De hecho, olvidé que había sido zurda hasta que años después, al comenzar a hacer judo, mis profesores me dijeron que era zurda. Me maquillo con la mano izquierda y, cuando friego los cacharros, empiezo con la derecha, pero enseguida me canso y se hace cargo del asunto la izquierda.

Un día pregunté a Nevenka si nunca había sido la «novia» de su padre. Me refería a esa tendencia de los padres de chicas adolescentes a presumir de ellas en un registro que parodia al del noviazgo en un momento en el que las niñas también suelen sentir adoración por ellos. La respuesta de Nevenka fue:

—Yo he gustado a todos los hombres menos a mi padre.

A medida que me internaba en las intimidades de una familia cuyo máximo interés para mí es que se trataba de una familia «normal» (llevo años diciendo que lo normal es muy raro), iba estableciendo conexiones que demostraban que cada una de las piezas de una vida, si uno era capaz de colocarlas en su lugar, eran como las piezas de un motor: todas tenían una función.

Me encontraba, en fin, frente a la hija de un empresario que había estudiado Empresariales; la hija de un karateka que había sido campeona nacional de judo; la hija de un individuo convencional, que había sido convencional hasta el paroxismo; la hija del hombre que había colaborado a confeccionar la lista de aspirantes con la que el PP ganaría sus primeras elecciones en el Ayuntamiento de Ponferrada, del que ella misma acabaría siendo concejal...

¿Más simetrías? ¿Más asociaciones? ¿Más casualidades?

Hay más, desde luego, pero entre todas ellas destaca, por terrible, la de que Nevenka se entregara a un hombre de la edad de su padre (y un trasunto de él, evidentemente) por el que más tarde sería acosada.

Desde mi punto de vista, una vez que Ismael Álvarez propuso a Nevenka Fernández ir la número tres de su candidatura en las elecciones municipales, pero, sobre todo, una vez que, ganadas las elecciones, le ofreció la Concejalía de Hacienda y Comercio, que ella aceptó, no había ninguna posibilidad (y subrayo, *ninguna*) de que este hombre no acabara en la cama con Nevenka Fernández. Mucha gente se lo advirtió. Estamos hablando de un hombre que le doblaba la edad; un hombre con experiencia y con fama de mujeriego; un hombre que representaba todos los atributos del poder y que era considerado por la derecha a la que pertenecía Nevenka como un triunfador. De otro lado, estaba una joven de veinticuatro años, con la carrera recién terminada y deseosa de trabajar; una chica con muy poca experiencia (había tenido un par de novios) y que se había pasado la vida intentando «seducir» a su padre para ocupar un lugar que, según las marcas de su nacimiento, no le correspondía.

No había ninguna posibilidad, insisto, de que ese hombre no acabara con ella en la cama. Eso lo sé yo, lo sabe usted, lector, y lo sabe cualquiera con dos dedos de frente. ¿Cómo es posible entonces que no lo supiera el padre de Nevenka? Y si lo sabía, ¿por qué no alejó a su hija de Ponferrada tan lejos como le hubiera sido posible cuando se enteró de lo que Ismael Álvarez le había ofrecido?

Tengo para mí que el «enamoramiento» pasajero de Nevenka por el alcalde no fue sino su último acto de «sensatez» antes de tirar de la manta. El alcalde, en efecto, representaba todos los atributos del padre y Nevenka, siempre en mi opinión, se entregó a él como una forma de dar satisfacción a ese padre esquivo («yo he gustado a todos los hombres menos a mi padre»). Cuando este «padre» la decepcionó nuevamente, Nevenka dijo hasta aquí hemos llegado, no seré sensata nunca más, y entonces fue al juzgado, denunció los hechos y lo puso todo patas arriba. Cabe preguntarse si al denunciar a Ismael Álvarez no estaba denunciando no ya a su padre, sino a toda una sociedad a la que había intentado complacer durante años sin ningún resultado. La denuncia vendría a decir: «Son así, y yo sé que son así porque he sido una de ellos». Y cómo eran, Dios mío, cómo eran si pensamos que a la mujer más influyente del PP y esposa de José María Aznar, su presidente, no se le ocurrió otra cosa, cuando Álvarez fue condenado por acoso, que solidarizarse con el acosador en vez de con la víctima.

Nevenka guarda ahora unas relaciones afectuosas con sus padres. Dice que ha conseguido quererlos como son, aunque no participe ya de sus valores. No me resisto a señalar la «coincidencia» de que Lucas, su novio, padece soriasis, igual que el padre de Nevenka. Las coincidencias, cuanto más casuales parecen, más significado tienen. Y más conmovedoras resultan.

Vistos con perspectiva, en fin, todos los años pasados constituyeron un ejercicio de disimulo inconsciente para ser aceptada por una familia a la que llegó sin ser deseada.

—Yo —afirma— he obedecido, he sido «buena», pero siempre me he dicho: hay algo que no es como me dicen.

La mentira inaugural fue seguramente la de la fecha de su nacimiento, o quizá la de la boda de sus padres, y a partir de ahí no dejaron de sucederse.

«Hay algo que no es como me dicen».

Por ejemplo, su padre siempre se había referido peyorativamente a los homosexuales, pero Nevenka tuvo, durante su época de estudiante en Madrid, un amigo homosexual que era una persona encantadora, solidaria, justa. Por ejemplo, en su casa siempre había oído decir que quien se fuma un porro es un drogadicto sin remedio, pero ella veía que sus compañeros de facultad fumaban porros sin dejar por eso de estudiar, de ir a misa y de atender a todas sus obligaciones. Por ejemplo, se había educado en la idea de que una mujer que se acostaba con dos hombres distintos era una ninfómana, y tenía compañeras normales que habían pasado por esa experiencia sin acabar en un burdel.

«Hay algo que no es como me dicen».

En realidad, nada era como le habían dicho. Todo era un hatajo de mentiras a cuya construcción ella misma había contribuido hasta que dijo NO. Pero tampoco este NO le salió gratis, como no le había salido gratis el SÍ anterior.

—No obstante —asegura—, volvería a pagar con gusto siete veces el precio de haber dicho NO.

El tatuaje

Pero nos habíamos quedado en diciembre de 2000. Nevenka, pese a que continúa consumiendo cantidades industriales de medicamentos, unos para despertarse, otros para aturdirse, otros para salir a la calle y otros para proteger el estómago, ya no está reducida a la pasividad de los meses anteriores. Empieza a saber lo que le ocurre, pero, sobre todo, empieza a querer saber lo que ha ocurrido, sean cuales sean las consecuencias.

Por estas fechas se le habían disipado ya las dudas sobre si denunciar o no a Ismael Álvarez. Lo denunciaría, pese a no contar con el apoyo de su entorno. Para ello, había tenido una primera entrevista con Adolfo Barreda, el abogado, que le pidió que ordenara los datos de que disponía antes de actuar. Barreda le recomendó también a un psicoanalista de Madrid, José Antonio Bustos, cuya intervención sería esencial en el proceso de verbalización del problema, que, en cualquier caso, parecía irreversible.

Tal es la situación cuando unos días antes de Navidad suena el teléfono en el piso de Madrid donde vive Nevenka. Es su padre. Le dice que acaban de diagnosticar un cáncer a su hermana Amelia, que está embarazada de cuatro meses. Cuando uno oye la palabra cáncer, el eco repite la palabra muerte, aunque la realidad clínica venga demostrando que las cosas ya no son así.

Amelia es la segunda de los cuatro hijos del matrimonio formado por Paquita y Juvencio. Tiene un año y tres meses menos que Nevenka. Se había casado a los dieciocho años y vivía con su marido en Ibiza. Antes de este embarazo, en cuyo transcurso se le detectó el cáncer, había tenido una niña que todavía es muy pequeña. Amelia es el negativo de Nevenka. Era la rebelde frente a la sumisa; la atrevida frente a la cobarde; la alocada frente a la sensata. Cuando a Amelia le pedían que hiciera algo, lo primero que se preguntaba era si se trataba de una demanda justa. Si decidía que no, no había forma de obligarla a hacerlo.

Nevenka estudiaba Empresariales en Madrid cuando a su hermana le tocó hacer COU, que era entonces el curso previo al ingreso en la universidad. Sus padres la enviaron a Madrid y las dos hermanas compartieron durante unos meses el apartamento de la familia en la zona de Islas Filipinas. No fue una convivencia fácil. A Nevenka le daba miedo todo lo que hacía su hermana y no aprobaba sus compañías. Sus amigos le parecían drogadictos o pastilleros, cuando solo eran un poco alocados. El caso es que se estableció en su conciencia una lucha enorme. No sabía si ocultar las «locuras» de su hermana o ser fiel a sus padres. Al final, por miedo a que Amelia cayera en el mundo de las drogas y su conciencia se lo recriminara durante el resto de la vida, habló con sus padres, que montaron un escándalo. El resultado fue que Amelia se fugó con Pedro, su novio, que hoy es su marido, y que tardaron una semana en localizarla.

«Yo estaba en el apartamento —me diría Nevenka—, esperando a que llegara mi hermana de una clase de la que salía a las ocho. Oí sonar las doce de la noche y la una y las dos de la madrugada sin que diera señales de vida. Estaba aterrada, no sabía qué hacer. Era el año del crimen de las niñas de Alcàsser. Telefoneé a todos sus amigos, desperté a un montón de gente sin que nadie fuera capaz de darme alguna referencia. Finalmente, a eso de las dos llamé a Ponferrada y se lo dije a mis padres, que cogieron el coche y se presentaron en Madrid a las seis de la mañana. Fueron unos días terroríficos, porque no dormíamos ni comíamos ni nada. Solo esperar y esperar a que sucediera algo. Al final, llamó ella misma por teléfono y dijo que estaba en Ibiza, con su novio, y que no la esperáramos porque se iban a casar».

El padre de Nevenka telefoneó entonces al que sería su consuegro para arreglar las cosas y resultó que el hombre estaba de acuerdo con que los chicos se casaran, porque los veía muy ilusionados. Amelia tenía dieciocho años y Pedro, su novio, no había cumplido los veinte. Es curioso cómo huyendo de lo convencional se cae en lo más convencional. Pero resulta evidente que Amelia necesitaba huir de una atmósfera que consideraba agobiante, y más agobiante si pensamos que su hermana mayor era el modelo, la referencia, el arquetipo odioso al que había que parecerse. Por si fuera poco, Amelia heredaba todo de su hermana: los libros, que dejaba como nuevos, y la ropa, que parecía que estaba sin estrenar. A Amelia le parecía humillante no estrenar nunca nada y recibir, encima, consejos de quien ya recibía la ropa usada. El día que se casó, le dijo a su hermana:

—Por primera vez hago una cosa antes que tú.

Pero cuando tuvo su primera hija, fue Nevenka la que le dijo:

—Ya has hecho la segunda.

Pues bien, esa hermana «alocada» y «rebelde» que a los dieciocho años, sin embargo, ya estaba casada y que en poco tiempo tendría dos hijos y una familia convencional era ahora víctima de un cáncer. Se lo acababa de decir Juvencio a su hija mayor, Nevenka, por teléfono.

—Tu hermana tiene cáncer.

Nevenka no necesitaba más complicaciones para estar fuera de quicio, pero llegó esta y hubo que hacerle un hueco. Por otra parte, la enfermedad de su hermana le ayudó a verlo todo más claro. Se dio cuenta de lo vulnerables que somos. En cinco minutos o en cinco segundos, lo que se tarda en abrir el sobre con un diagnóstico médico en su interior, las cosas pueden dar un giro de ciento ochenta grados. No hay nada garantizado. «A esa fragilidad que de repente se advertía en todo —dice— no se podía añadir la humillación de que te machacaran. Si tenemos que vivir cuatro días, hay que vivirlos como uno quiera». Por otra parte, cuando por ponerse en el punto de vista de su entorno se planteaba la posibilidad de no denunciar, sentía asco por su vida futura. ¿Qué le diría a su hija, si un día la tuviera? ¿Qué le diría a su sobrina Andrea, la hija de Amelia, si un día sufriera una situación semejante y le pidiera consejo? La opción que todo el mundo le planteaba de denunciar cuando estuviera bien, cuando tuviera otra vida, era absurda. La condición para edificar otra vida pasaba por dejar bien clausuradas las ventanas de la anterior. Pero era inevitable que a veces dudara teniendo a todo el mundo en contra. Entonces pensaba que si la publicidad del acoso hubiera quedado reducida a un ámbito familiar, se lo pensaría. Pero en esos momentos corrían rumores por toda Ponferrada. El propio Ismael Álvarez, que siempre creyó tenerla atada como a un perro a una correa, debió de comprender que el asunto comenzaba a escapársele de las manos. Nevenka no había vuelto al redil después de que le redujeran el sueldo. Lo intentó de otro modo: dio una rueda de prensa anunciando que la concejal de Hacienda se encontraba enferma y pedía respeto para ella y para su familia hasta que se reincorporara al trabajo. Tampoco con estas palabras amables consiguió que volviera al redil. La correa se había roto, aunque hasta el mismo día de la denuncia debió de creer que solo se había dado un poco de sí.

No es muy difícil imaginar cómo fueron las Navidades del año 2000 en la casa «grande» y «bonita» de Ponferrada: fueron espantosas. Nevenka llegó a Ponferrada poco antes de Nochebuena, se puso el pijama y apenas se lo quitó hasta que regresó a Madrid. Su hermana, que había viajado desde Ibiza, estaba obsesionada con que el niño del que estaba embarazada naciera bien, aunque ella se muriera. Finalmente, le habían diagnosticado un tumor de Hodgkin del que empezaría a tratarse en enero en Madrid.

Durante aquellas dos semanas, Nevenka solo salió a la calle dos veces, una con su hermana Laura, para comprar regalos, y otra para hacerse un tatuaje en la muñeca de la mano derecha. Hace tiempo que los tatuajes saltaron de los patios de las prisiones a la clase media, pero para una familia de clase media de Ponferrada continuaban siendo una costumbre carcelaria.

Lo de los regalos, pues, no necesita explicación, pero lo del tatuaje, que durante el juicio escondió minuciosamente con camisas o jerséis de manga larga, es, cuando menos, sorprendente. Más sorprendente todavía si revelamos que lo que se hizo dibujar en la piel fue un Piolín. Cuando le pregunté a Nevenka por qué había hecho eso tan raro y en unas circunstancias tan difíciles, me dijo:

—Era una de las primeras veces de mi vida en que hacía lo que quería. La decisión de poner la denuncia, aunque todavía tardáramos tres meses en formalizarla, me abrió las puertas a otras decisiones. Siempre había querido hacerme un tatuaje y me lo hice allí porque la chica de la peluquería a la que íbamos sabía hacerlos. Fue un acto de afirmación. Quiero un tatuaje de Piolín y lo quiero aquí, dije a la peluquera. Volví a casa con la muñeca vendada y cuando les expliqué la causa, creo que les sirvió para confirmar que estaba loca. Pero el centro de atención durante esos días se había desviado hacia Amelia y yo podía hacer cosas que en otras circunstancias hubieran sido imposibles.

—Pero ¿por qué un Piolín? —insistí yo.

—Porque me gusta mucho que le gane al gato. Piolín es listo, es gracioso, es pillo y tiene mucho sentido del humor. En Inglaterra lo llaman *The Protector*. No pensé mucho en lo que simbolizaba, solo era consciente de que era una de las primeras ocasiones en mi vida en la que hacía lo que quería yo, en la que me mostraba como era yo y no como querían los otros que fuera. Siempre he sido como los otros querían. Quería hacerme ese tatuaje y punto. Piolín está enjaulado, pero sale bien de todas las situaciones de peligro. Además, mi color preferido es el amarillo.

Hizo otra cosa, además de tatuarse el Piolín: sacó fotocopias del libro de Marie-France Hirigoyen y las repartió entre toda la familia.

Por Reyes se presentó Lucas en Ponferrada y le regaló unas botas y una chaqueta que ella considera unas botas y una chaqueta hippies. Fueron las primeras prendas que empezaban a separarla de su estilo anterior.

—Yo —me dijo un día mientras me enseñaba la chaqueta y las botas— había sido una «chica CEU» y vestía como una «chica CEU», hasta que Lucas me regaló aquellas prendas.

Violencia insidiosa

Desde que regresa a Madrid, tras el paréntesis de las Navidades, hasta el 26 de marzo, fecha en que pone la denuncia y da la rueda de prensa en el hotel Temple de Ponferrada, las rutinas de Nevenka Fernández cambian. Su vida deja de girar alrededor del sofá, porque se ha propuesto reunir las pruebas que hagan viable la denuncia. Para ello, ha de ordenar también los acontecimientos y las fechas, que danzan como un rebaño de gatos en su memoria. Si hubiera sabido desde el principio que las cosas tomarían este rumbo, habría recogido antes de huir las notas manuscritas de Ismael Álvarez, que dejó abandonadas en los cajones de su despacho el 22 de septiembre y que demostraban sin lugar a dudas la situación de acoso. Lógicamente, desaparecerían.

En el cambio de actitud con que Nevenka Fernández se enfrenta al nuevo año han sido fundamentales las palabras: las del libro de Marie-France Hirigoyen, desde luego, y las de Charo Velasco y las del señor Invisible y las de Alfonso Hurtado (el psiquiatra de Ponferrada) y las de Adolfo Barreda (el abogado), pero también las de su tía Brígida, hermana de su madre, viuda, que vive en Madrid y que cuando Nevenka le habló de la posibilidad de poner la denuncia contra Ismael Álvarez fue la única de la familia que, lejos de desaconsejárselo, le dijo:

—Si tú crees que tienes que denunciar, yo voy contigo a donde quieras.

Nevenka Fernández comienza a modificar su relación con la realidad cuando comienza a modificar su relación con las palabras, que se ordenan ahora de una manera novedosa, formando en su conciencia constelaciones que alumbrarán un universo nuevo.

Cada vez que consigue una cosa, se dice: «Soy lista, todavía voy a poder contigo». Y ese saberse «lista», quizá al estilo un poco ingenuo del Piolín que lleva tatuado en la muñeca, contribuye también a que la imagen que tenía de sí vaya recuperando unos rasgos en los que se puede reconocer. No falta mucho para que vuelva a mirarse en el espejo sin sentir vergüenza.

Se sintió lista, por ejemplo, cuando consiguió hacerse con las facturas del teléfono móvil de Ismael Álvarez, que constituyeron una de las pruebas más importantes durante el juicio, ya que a través de ellas pudo verse la cantidad de llamadas que el alcalde le hacía y a qué horas. Pero no resultó fácil. Nevenka recuerda que un día, conteniendo la respiración, llamó a Atención al Cliente, de Telefónica, y tras identificarse como la concejal de Hacienda del Ayuntamiento de Ponferrada, dijo que necesitaba una copia de las facturas del teléfono móvil del alcalde. Le respondieron algo que quizá debería haber sabido: que el Ayuntamiento tenía asignado un agente especial cuyo nombre le facilitaron. Se trataba de una mujer llamada Teresa que por lo visto llevaba ocho años ejerciendo esa función. Nevenka dudó antes de llamarla, pues temió que estuviera al corriente de los rumores que circulaban por Ponferrada, que supiera que se encontraba de baja, que sospechara de ella, en fin. Cuando logró tragarse el miedo y la vergüenza, marcó el número y habló con la empleada de Telefónica aparentando normalidad. Le explicó que iban a hacer una auditoría al Ayuntamiento y que se les habían traspapelado las facturas del año anterior del teléfono móvil del alcalde. Más difícil fue convencerla de que le enviara copia de esas facturas no al Ayuntamiento, como habría sido lo lógico, sino a una dirección de Madrid y a nombre de una persona que no era Nevenka. Frente a las resistencias de la agente de Telefónica, la concejal dijo que le enviaría un correo electrónico con su autorización y así lo hizo. A los pocos días, tenía en sus manos las copias de los documentos solicitados.

A base de pequeños actos heroicos de este tipo va rehaciendo el puzle de los últimos quince meses de su vida. El problema era cómo conseguir cosas sin que Ismael Álvarez se enterara de que había comenzado a movilizarse, pues está convencida de que el alcalde espiaba todos sus movimientos. De hecho, a medida que se va liberando de las ataduras emocionales del pasado, aumenta también el número de llamadas amenazantes que intentan hacerla regresar al estadio de sumisión anterior.

Lucas, por su parte, va y viene de Talavera. Siempre está a su lado, aunque se encuentre a más de cien kilómetros. Algunos fines de semana los pasan en Talavera, en la casa de los padres de él, donde Nevenka ha sido bien acogida, aunque discrepan de su decisión de denunciar. En cuanto a sus propios padres, la situación se ha normalizado en parte «gracias» a la enfermedad de Amelia, cuya atención devora todas las energías psíquicas de la familia.

En esa época, Nevenka Fernández escribió una carta a José María Aznar y otra a su mujer, Ana Botella, pero en el último momento desistió de enviarlas, pues ningún dirigente del partido, pese a que les habían llegado rumores de la situación, se había puesto en contacto con ella para aclarar lo sucedido. Cuando vi a Charo Velasco, me confirmó que ella había advertido a Juan José Lucas, militante del Partido Popular y presidente, entonces, de Castilla y León, de que tenían un asunto muy delicado de acoso sexual en Ponferrada. Lucas dijo que se interesaría por el caso, pero jamás lo hizo.

Quizá el acontecimiento más importante de esta época es el inicio de su terapia analítica con José Antonio Bustos, el psicoanalista de Madrid que le había recomendado Adolfo Barreda, el abogado. Lo que distingue esta experiencia clínica de las anteriores es que Nevenka Fernández ya no busca en ella un diagnóstico, sino un espacio en el que elaborar el trauma. Y de este modo queda reflejado en el informe del psicólogo, anexo a las diligencias judiciales, según el cual Nevenka Fernández llega a la consulta «en extremo ansiosa» y tras un recorrido por otras consultas psiquiátricas documentadas en diferentes informes. La diferencia, añade José Antonio Bustos, es que «ahora no viene a repetir el relato que ya ha desplegado en los encuentros anteriores. Ha comprendido lo suficiente —dice— como para asumir que no le queda otra salida que abocarse a la rememoración de los hechos hasta aclararse en lo sucedido».

Más adelante, tras señalar que en las anteriores experiencias clínicas se limitaba a relatar las reacciones emocionales y físicas consecuentes con la situación de acoso padecida, añade: «Ahora su discurso se ocupa en encontrar las causas y en mirar los hechos que han llevado a este punto. Se refiere una y otra vez, en un dificultoso rememorar por innumerables escenas, a cómo por medio de palabras aparentemente anodinas, sentidos no expresados, alusiones permanentes, insinuaciones constantes, hostigamiento sexual y chantaje, ha sido descalificada, desacreditada, aislada, y humillada sexualmente hasta desestabilizarse».

En el apartado titulado «Juicio clínico», escribe José Antonio Bustos: «Se trata de una joven bien orientada en espacio y tiempo y aunque su discurso, en principio, se ve frecuentemente interrumpido por respuestas emocionales (llanto), es relevante y coherente, centrado, sobre todo en el inicio, hacia los aspectos concretos del conflicto. Nada hace pensar en patologías delirantes ni ninguna otra que pudiera entorpecer el juicio de la sujeto ni su capacidad de obrar. Los síntomas se explican desde una intensa vivencia de pérdida subjetiva y real, la más profunda que haya padecido, y que afecta a diferentes y muy importantes aspectos de su vida. Hasta se siente cómplice con lo que pasó. Su relato es congruente con una situación de acoso sexual».

Tras una cita del libro de Marie-France Hirigoyen, que funciona a manera de definición sobre el acoso, José Antonio Bustos concluye: «Parece que sobre los elementos de debilidad subjetiva de la paciente (dependencia de figuras paternas, idealismo y escrúpulos morales) se ha dado una demanda por unos métodos (violencia insidiosa) de la que no ha podido defenderse y que le ha producido, en extremo, un importante daño físico. A mi entender se trata de un *trastorno por estrés postraumático* derivado de una experiencia de acoso sexual. Le aconsejo psicoterapia para elaborar el conflicto y la remito a revisión psiquiátrica para evaluar la conveniencia de prescripción farmacológica».

Nevenka iría cinco días a la semana a la consulta de Bustos. Dice que tenía tantas ganas de curarse que entraba en la consulta con las cinco mil pesetas de los honorarios del psicoanalista en la mano. En ese espacio empezó a ordenar no ya la historia del acoso, sino la de su vida. Siempre iba a la terapia antes o después de la hora de comer, nunca de noche, pero cinco días a la semana, los lunes y los martes y los miércoles y los jueves y los viernes. Dice que salía de la terapia encantada, relajada, contenta. Cuanto más evolucionaba, más quería evolucionar. Trabajaban cara a cara, el psicólogo de espaldas a la ventana; ella, de frente. Nevenka le pedía permiso para fumar, aunque le daba mucho apuro, porque él no lo hacía.

—Siempre iba sin clínex y él me los daba —añade.

Las visitas a José Antonio Bustos complementan las conversaciones con el abogado y las que tiene consigo misma. Poco a poco la cronología se va recomponiendo y los sucesos encuentran en ella su lugar.

Un día que su madre estaba en Madrid fueron juntas a la consulta de Bustos. Cuando le pregunté a Nevenka qué había pasado, dijo:

—No recuerdo, supongo que hablaría ella.

Su hermana Amelia, que daría a luz en febrero, a los siete meses de embarazo, apareció por Madrid para someterse al tratamiento contra el cáncer en el Hospital de La Paz y también la acompañó un día a la consulta. Dice Nevenka que se sentó a su lado y que lloró al escucharla. Pero participó en la sesión de forma activa. «Yo estaba —dice— explicando o explicándome que la persona que más me había decepcionado había sido mi padre y que yo no empecé a salir adelante hasta que fui capaz de decirme tu padre te falló, cuando intervino Amelia y dijo que yo siempre había visto todo a través de los ojos de mi padre, siempre me había fiado de él. También por eso la decepción fue mayor».

Un ejercicio de contabilidad real

Además de rememorar su historia verbalmente en la consulta del psicoanalista, Nevenka la escribió para sí misma y para el abogado, parte en cuartillas, parte en un cuaderno con las tapas de color marrón y el lomo de tela. Las cuartillas están escritas a bolígrafo; el cuaderno, a lápiz, para borrar y rectificar los datos equivocados. Escribía con el espíritu con el que se juntan las piezas de un jarrón roto. El jarrón roto era su vida.

De acuerdo con estas anotaciones, todo empezó el 4 de abril de 1999, Domingo de Resurrección, cuando llegó a Ponferrada después de haber pasado cuatro días en la nieve con Ramón, su novio de entonces. Al mediodía llegaron sus padres, su hermano Carlos y Laura, la pequeña, todos muy morenos, pues también habían estado de vacaciones de Semana Santa. Tras el intercambio de besos y noticias, alguien advirtió que había mensajes en el contestador. Primero se escucharon las voces de la abuela y de Amelia. Después apareció la voz de un hombre que se identificó como Carlos López Riesco, el teniente de alcalde de la localidad (ya se ha dicho que este Carlos López fue empleado del padre de Nevenka, quien le animó además a lanzarse a la política).

—Juvencio —añadió, dirigiéndose a su antiguo jefe—, llevo varios días intentando ponerme en contacto con tu hija Nevenka. Dile que necesito hablar con ella.

El mensaje produjo un efecto de curiosidad en el grupo familiar. Se miraron intentando encontrar cada uno en el rostro del otro una respuesta a aquel interés de López Riesco por la joven. Tras diversas especulaciones, Juvencio aventuró que tal vez quisieran ofrecerle un puesto en las listas electorales, que estaban preparando en aquellos momentos.

A Nevenka, sin embargo, le pareció inverosímil. No pertenecía al Partido Popular ni a ningún otro y jamás había estado relacionada con la política. Ni siquiera había votado ni había preguntado a sus padres a quién votaban ellos. Por otra parte, acababa de comenzar su carrera laboral en Arthur Andersen, una conocida empresa de auditores que reunía todas las condiciones con las que podía soñar.

Cuando Nevenka me relató este suceso, minuciosamente descrito también en sus cuartillas, di por seguro que Juvencio, su padre, cuando se puso en marcha el contestador automático, ya sabía que de sus entrañas saldría la voz de López Riesco. Habría jurado que estaba al corriente de todo. ¿Qué podía desear un empresario más que tener a una hija en el Ayuntamiento del lugar en el que se encontraba localizada su empresa? Todas las piezas encajaban, pero luego, cuando fui a Ponferrada, me entrevisté con el padre y escuché su versión, tuve que desencajarlas para encajarlas de nuevo con una disposición distinta.

Pero vayamos por partes. Nevenka, llena de curiosidad, devolvió la llamada a Carlos López Riesco, quien le dijo que el alcalde quería conocerla y hablar con ella para proponerle algo. Quedaron en verse esa misma tarde, a las cinco, en una cafetería llamada Museo. Mientras se arreglaba para acudir a la cita, Nevenka intentó recordar a López Riesco. Sabía que había trabajado para su padre, con el que mantenía cierta amistad, pero guardaba una imagen muy borrosa de él. Entonces le vino a la memoria una escena de tres o cuatro años antes: estaban su prima Amparo y ella tomando una copa en un lugar de Ponferrada conocido como La Gran Manzana cuando se acercó a las jóvenes un individuo que, evidentemente, conocía a Amparo. La prima se ocupó de las presentaciones señalando que Nevenka era la hija mayor de Juvencio.

El individuo —se trataba de Carlos López Riesco—, tras interesarse por sus estudios, le preguntó si le gustaba la política, a lo que ella dio una respuesta de trámite. No recordaba nada más de él, excepto que le pareció un sujeto muy gris.

Cuando Nevenka llegó a la cafetería Museo, el alcalde y el teniente de alcalde ya estaban sentados a una mesa. Tras los saludos de rigor, habló Ismael Álvarez:

—Ya sabes que estamos elaborando las listas del Partido Popular para las próximas elecciones municipales, y te queremos proponer que formes parte de ellas.

El PSOE presentaba a aquellos comicios a Charo Velasco, una mujer joven (aunque no tanto como Nevenka) que trabajaba como pediatra para la Seguridad Social. El PP quería dar la imagen de un partido que también contaba con cuadros femeninos y Nevenka reunía todos los requisitos: era joven y tenía estudios superiores. Además, pertenecía a una conocida familia de empresarios ponferradinos de segunda generación.

—Ya sé —añadió el alcalde— que no estás afiliada al PP, pero eso no nos importa. Yo mismo no creo en eso del «partido». Yo creo en las personas, la lealtad debe ser hacia las personas. De hecho, nosotros no somos más que un grupo de amigos que, por encima de partidos y rollos políticos, lo único que queremos es luchar por Ponferrada. Yo no te conozco personalmente, tampoco conozco a tu padre, pero tengo por mi amigo Carlos muy buenas referencias de tu familia, sobre todo de tu padre, y por eso hemos decidido hacerte esta propuesta, aunque no te conozcamos.

Nevenka Fernández disimuló su sorpresa y siguió hablando sin comprometerse a nada. Finalmente, cuando calculó que llevaba allí media hora sin que le hubieran hecho ninguna propuesta concreta, aparte de la de formar parte de la lista, dijo:

—Bueno, yo estoy en Madrid, haciendo un máster que no terminaré hasta el 7 de julio y trabajando en Arthur Andersen, donde tengo muchas posibilidades de quedarme, de manera que he de saber qué es exactamente lo que me proponéis y cuánto tiempo tengo para decidirlo.

Respondió el alcalde:

—Irás entre el número tres y el cinco.

—¿Entre el tres y el cinco? —preguntó, incrédula, Nevenka.

—Sí, para salir —respondió el alcalde—. Es decir, serás concejal, eso seguro. Un concejal no cobra mucho, entre ciento veinte y ciento cuarenta mil pesetas al mes. —(Se estaba refiriendo a los concejales sin delegación exclusiva, que son la mayoría).

Nevenka podía haber salido de igual modo colocada en un puesto mucho más bajo, lo que habría sido también más razonable desde cualquier punto de vista. Personalmente, creo que Ismael Álvarez había quedado deslumbrado en el momento mismo de verla entrar por la puerta de la cafetería y que le hubiera ofrecido el puesto número uno si con ello tuviera la garantía de seducirla.

Nevenka hacía cálculos sin dejar de atender a la conversación. La idea de volver a Ponferrada no le desagradaba. Con un sueldo como el que acababa de escuchar y viviendo al principio en la casa de sus padres se podía encontrar bien. Además, Ramón, su novio, estudiaba en León y podrían verse los fines de semana. Si no tenía delegación exclusiva, por otra parte, podría trabajar en una empresa y redondear un buen sueldo. La idea le empezaba a seducir, aunque ignoraba qué hacía exactamente un concejal.

El alcalde la tranquilizó. Tendría todo el apoyo que necesitara; por ese lado no habría ningún problema, pero comprendía que se trataba de una decisión importante, que cambiaba todos sus planes, y le pidió que la pensara. Hablaron un rato más y, al despedirse, Nevenka aseguró que les daría una respuesta antes del jueves, cuando el PP quería hacer pública la lista. Ella, por su parte, tenía que regresar el martes a Madrid para reincorporarse a su puesto de prácticas en Arthur Andersen.

Cuando volvió a casa y puso a sus padres al corriente de la conversación, la madre se mostró reticente, pues el alcalde tenía fama de mujeriego. Al padre, en cambio, le pareció bien. Dijo que podría compatibilizar sin problemas una concejalía que no fuera de plena dedicación con el año y medio de prácticas que necesitaba para presentarse al examen de auditor. De hecho, él conocía a un auditor que vivía en Ponferrada y en cuyo despacho podría introducir a Nevenka para llevar a cabo esas prácticas. En cuanto al asunto de la mala fama del alcalde, dijo que encargaría a López Riesco, su amigo y antiguo empleado, que la protegiera de Ismael Álvarez.

A Nevenka no le preocupaba demasiado ese aspecto. Se sentía con experiencia y recursos suficientes para salir airosa de cualquier situación. Entonces, cogió una cuartilla que dividió en dos columnas: en una enumeró los pros, y en la otra los contras de la propuesta del alcalde. La hoja reproducía la de un libro de contabilidad en la que la columna del haber ha sido sustituida por los pros, y la del debe, por los contras. Fue seguramente el primer ejercicio de contabilidad real que hizo Nevenka después de acabar la carrera, y le salió mal, como la primera auditoría que unos años antes se había hecho a sí misma frente al Libro de Familia.

La página quedó de este modo:

Contras	Pros
• Entrar en política.	• Oportunidad de trabajo.
• No sé nada de esto.	• Volver a Ponferrada.
• Cambio total de vida.	• Tener más cerca a mi familia y a Ramón, amigos, etcétera.

	• Posibilidad de compatibilizar mi trabajo como concejal con el año y medio de prácticas que me falta para presentarme al examen de auditor.
	• Posibilidad de independencia económica.
	• Carlos López Riesco es una persona de confianza de mi padre. Él cuidará de mí frente a cualquier problema.

Como se ve, los «pros» o el «haber» ocupan mucho más espacio que los «contras» o el «debe», de modo que dijo sí y volvió a Madrid para continuar con el máster.

Durante el mes y medio siguiente, el tiempo que precedió a las elecciones, sus compañeros de lista hicieron campaña electoral mientras ella trabajaba en Arthur Andersen. A lo largo de esas semanas solo vio al alcalde en tres ocasiones: una, en Valladolid, donde se reunieron, para conocerse, todos los aspirantes a concejal que formaban parte de la lista; otra, en un mitin, también rodeados de mucha gente; y una tercera que a Nevenka le dejó tal sensación de extrañeza que no pudo menos que comentarla con algunos amigos.

El encuentro se produjo cuando ella regresaba a Madrid en su coche, tras haber pasado el fin de semana en Ponferrada, donde el viernes había acudido al mitin del PP mencionado más arriba. En esto, sonó el móvil. Era Ismael Álvarez, que tras saludarla, le preguntó dónde estaba.

—En el coche, de regreso a Madrid —respondió ella.

—¿A qué altura?

—Cerca de Tordesillas...

—¡Qué casualidad! —dijo él—. Yo estoy volviendo de Madrid, de dejar a Toñi [su mujer], y estoy también muy cerca de Tordesillas. ¿Qué te parece si nos encontramos un momento en la cafetería donde paran los ALSA y charlamos un poco, que hasta ahora apenas hemos tenido oportunidad?

Nevenka dice que le pareció razonable. Después de todo, iba a ser su jefe y no habían hablado todavía de tú a tú en términos profesionales. Aun así, se presentó en la cafetería con alguna prevención, influida por la mala fama del alcalde en su relación con las mujeres y de la que tantas personas la habían advertido después de que se supiera que iba en las listas (¡y en el número tres!). El alcalde llegaba también en ese momento. Nevenka estaba un poco violenta, pues, al fin y al cabo, Ismael Álvarez era para ella un hombre mayor y una figura de respeto en tanto en cuanto que alcalde de Ponferrada. Pero él la trató como si se conocieran de toda la vida, utilizando un tono entre amistoso y paternal.

Empezaron a hablar de cuestiones laborales, pero enseguida él abandonó estos temas para hablarle de su vida personal. Se mostró triste porque su mujer estaba muy mal (tenía cáncer y moriría muy pronto) y acababa de dejarla en Madrid, en casa de una hermana de ella. Le contó lo mal que lo estaban pasando sus hijos y que llevaban ya cuatro años así. Le dijo que era horrible tener que dejarla en casa, a veces con dolores, para ir al Ayuntamiento a cumplir con sus deberes. Nevenka no recuerda si el alcalde lloró en aquella ocasión, pero, desde luego, tenía los ojos húmedos.

A Nevenka, que es una comprensiva patológica (se pone con demasiada facilidad en el lugar del otro), le dio mucha pena, no solo por la situación que el hombre acababa de describir, sino porque pensó que tenía que estar muy solo para contarle estas cosas tan íntimas a una desconocida. Es cierto que pasó por su cabeza la idea de que todo aquello hubiera sido un «número» dirigido a conmoverla, pero la desechó enseguida con un enorme sentimiento de culpa.

Juró el cargo el 23 de julio de 1999.

Una prótesis del padre

El mismo día de la jura, por la noche, Nevenka se marchó al pueblo de su padre, Villadepalos, situado muy cerca de Ponferrada, donde había montado con unos amigos una «bodeguilla» por ser las fiestas de la localidad. Ismael Álvarez apareció en algún momento con otras personas y estuvo toda la noche en la bodega, tomando copas. Según Nevenka, la trató de una forma «más que amistosa» y, además de no dejar de mirarla, le dijo mil veces que era muy guapa.

Después de aquel día (23 de julio), y hasta la muerte de su mujer (13 de agosto), no volvió a verlo más que un par de veces, la primera en el despacho de él, y para hablar, por fin, de asuntos profesionales. El alcalde le dijo que, aunque no tenía nada que ver con lo hablado en el primer encuentro, estaba pensando ofrecerle la Concejalía de Hacienda y Comercio, que era de delegación exclusiva. Ella no se lo podía creer. Aparte de lo que el cargo significaba para el currículo de una recién licenciada, el sueldo era de unas trescientas mil pesetas líquidas al mes. Ni en sus mejores sueños habría podido imaginar un horizonte profesional tan brillante apenas terminada la carrera. Le respondió, intentando disimular su nerviosismo, que, como concejal de la corporación, y si el alcalde confiaba en ella para un puesto de tanta responsabilidad, aceptaría lo que él decidiera.

Ismael Álvarez añadió que le comunicaría su decisión después de que hubiera llevado a cabo unos ajustes en el equipo de gobierno. Pero apenas tardó unos días en confirmárselo.

Todo sucedía a la velocidad del rayo. Nevenka combinaba el vértigo de felicidad en el que se estaba convirtiendo su vida con la inquietud provocada por algunas sombras que aparecían aquí o allá y que en ocasiones prefería no ver. Así, también en estas fechas de primeros de agosto y ya investida como concejal de Hacienda y Comercio, tuvo que acudir a Las Dehesas, el pueblo del alcalde, cercano a Ponferrada, para asistir a una cena-homenaje al cantante Amancio Prada, natural del lugar. Había unas quinientas personas. Nevenka Fernández fue en compañía de su padre, ya que Ramón, su novio de entonces, se encontraba en León, preparando los exámenes de septiembre. Todos los concejales y sus parejas estaban sentados a una mesa bastante alejada de la principal, en la que se encontraban el alcalde y el homenajeado junto a otras personas. A los postres, sucedió algo desagradable. Alguien se acercó a Nevenka y le susurró al oído:

—Dice Ismael que vayas.

La concejal tuvo que atravesar, llena de vergüenza, prácticamente todo el comedor para alcanzar la mesa del alcalde.

«Claro que pensé que no era normal —dice Nevenka—, pero allí estaba mi padre y estaba también Toñi, la mujer de Ismael, que fallecería pocos días después. ¿Cómo iba a ser algo malintencionado por su parte?».

Todos los movimientos del alcalde resultaban siempre así de ambiguos. La realidad estaba llena de insidias, pero nunca lo suficientemente claras, lo que a Nevenka le hacía sentirse culpable por sus escrúpulos. Cuando llegó al fin a la mesa, Ismael presentó a Nevenka a Amancio Prada, al tiempo que le decía:

—Esta es Nevenka, la nueva concejal de Hacienda. ¿Has visto qué fichajes hacemos?

No quería más que exhibirla. Amancio Prada sonrió, le firmó un autógrafo que decía «A la concejala más guapa», y ella regresó a su sitio.

Cuando Nevenka, con la perspectiva que dan el tiempo y los acontecimientos, recuerda aquella escena, se siente mal, pues comprende hasta qué punto había empezado a ser cosificada, reducida a un objeto que alguien mostraba como mostraría un automóvil recién adquirido. Ahora, después de haber dejado de ser «una de ellos», recuerda la rabia sorda, el malestar oculto, que este tipo de situaciones le habían provocado siempre y la dificultad que tenía para defenderse de ellas. Quizá por eso recuerda con cierto orgullo el día en el que los reyes visitaron Ponferrada. Cuando el rey se acercó a saludarla, exclamó:

—¡Qué guapa eres!

—También soy inteligente, majestad —respondió Nevenka, incapaz ya de contenerse ante este tipo de actitudes.

Aquel fue el último día que vio viva a Toñi, la mujer de Ismael. Tras su muerte, el alcalde estuvo una temporada sin aparecer por el Ayuntamiento. Realizaba sus funciones Carlos López Riesco, el «protector» de Nevenka y al que la nueva concejal recurría con frecuencia para resolver sus dudas.

Como agosto es un mes de poco trabajo institucional, la concejal aprovechaba el tiempo para estudiar y ponerse al día en sus nuevas competencias. Por las tardes, Carlos López Riesco iba a buscarla a casa de sus padres para visitar con ella los pueblos del municipio. Ponferrada tiene unos sesenta mil habitantes, pero su influencia regional alcanza a más de cien mil. Era esencial que la encargada de Hacienda y Comercio conociera a fondo la región.

Durante esos viajes, Carlos López Riesco le contaba a Nevenka lo importante que había sido el padre de ella para él. Por entonces solía decir que él tenía dos padres: Juvencio Fernández e Ismael Álvarez. El suyo verdadero, el biológico, se había suicidado, dejando en muy mala situación a la familia. También en uno de esos viajes le recordó la noche en la que, años atrás, se había encontrado con ella y con su prima Amparo en La Gran Manzana, y fue capaz de describir cómo iba vestida hasta el último detalle..., lo que en Nevenka creó un punto de inquietud que desechó enseguida. Después de todo, Carlos, además de ser amigo de su padre, era un hombre casado, tenía una hija...

A los pocos días, en uno de esos viajes por la región, le planteó que quería tener una aventura con ella. Nevenka le dio un no rotundo, pero intentó que no se sintiera ridículo y le prometió que nadie, nunca, conocería esa conversación. Él pareció tomarse bien la negativa, pero lo cierto es que a partir de ese instante apenas volvió a dirigirle la palabra.

Cuando Ismael se reincorporó al Ayuntamiento, los concejales más próximos a él —Nevenka entre ellos— consideraron que era una obligación moral ayudarle a superar el luto, por lo que se institucionalizó la costumbre de ir a cenar juntos al salir del trabajo. Nevenka solía ser convocada a estas cenas por alguno de los hombres de confianza del alcalde, pero a veces el mismo Ismael se dejaba caer por su despacho y le decía con expresión de lástima, incluso con lágrimas en los ojos:

—Esta noche vamos a cenar Darío, Carlos y yo. Vendrás, ¿verdad?

Y Nevenka iba.

—Yo veía —dice— a un pobre hombre, un viudo cuyos hijos, ya mayores, estaban fuera... Daba la impresión de que no tenía a nadie, solo a nosotros...

Pronto, las cenas en compañía de otros se empezaron a alternar con momentos de mayor intimidad en los que intercambiaban confidencias sobre sus vidas. A Nevenka le conmovía la sensibilidad del alcalde, que lloraba con frecuencia cuando le contaba su situación.

—Le creí —dice—. Cada vez que lo pienso, me odio por ello, pero creía todo lo que me decía.

Al mismo tiempo, sentía una enorme admiración por él, por lo que había conquistado, por lo que había hecho siendo, como el propio Ismael Álvarez solía decir de sí mismo, el hijo de la lechera de una pequeña localidad como Las Dehesas. Dado que la edad de Ismael es, más o menos, la del padre de la joven, no es difícil suponer que el alcalde estaba funcionando como una prótesis del padre que Nevenka no tuvo jamás: un padre sensible y a la vez dotado de una gran autoridad. Cuando Nevenka reconstruye el modo en el que fue cayendo en aquella sutil red que, sin que ella lo supiera, iba tejiéndose a su alrededor, se tapa la cara con las manos durante unos segundos y, cuando sale de nuevo a la superficie, enciende un cigarrillo.

—Es que —añade— me siento idiota porque a veces, cuando me contaba lo triste que era su vida, yo misma lloraba.

La mejor concejal de Hacienda

«Una de tantas noches de copas —escribe Nevenka Fernández en su cuaderno de tapas marrones— me dijo que le gustaba mucho, que estaba sintiendo cosas muy fuertes por mí. Yo le contesté que también sentía algo por él, pero que no sabía qué era. Aquella noche, hablando los dos en su coche, casi hasta las siete de la mañana, intentó mantener relaciones sexuales conmigo, se puso muy pesado, besucón, pero conseguí persuadirle y me llevó a casa de mis padres. Yo no sabía qué estaba pasándome. Algo sentía, pero no sabía qué y él se pasaba el día insistiendo en que si sentía algo debía probar, que no pasaba nada si después no iba a más, que mi actitud no era adulta...».

Quince días más tarde, las presiones dieron sus frutos y acabó en la cama de Ismael Álvarez. Al día siguiente, Nevenka Fernández se convirtió en la estrella del Ayuntamiento. El alcalde no abría la boca sino para expresar su admiración profesional por la que definía como «la mejor concejal posible» de Hacienda y Comercio. El problema era que la intensidad de los elogios empezó a guardar de inmediato una relación directa con el número de contactos sexuales, que Nevenka, por su parte, comenzó a rechazar enseguida.

Sus negativas producían en él reproches de inestabilidad y un enfriamiento de las relaciones laborales que todo su equipo reproducía de manera mimética. Evitaban saludarla o cruzarse con ella en los pasillos y, cuando conseguía hablar con alguno, la acusaban de ser la culpable del mal humor del alcalde.

La situación se fue deteriorando para Nevenka (a la que llegaron a reprochar que el alcalde saliera y se emborrachara) hasta que en febrero se volvió imposible. Ese mes, el Día de los Enamorados, Ismael Álvarez intentó regalarle a Nevenka un reloj, de cuyo precio le informó antes de entregárselo, y que ella rechazó. Ese mismo día rompieron.

Durante las jornadas que siguieron a la ruptura, Ismael Álvarez se esforzó en demostrar que aceptaba la situación, aunque el alejamiento de orden personal se tradujo en agresiones laborales. No era raro que se dirigiera a ella con expresiones del tipo: «Tú no tienes ni puta idea de nada» o «Tú no vales nada»; pero Nevenka, que era aún «una de ellos», achacaba esos insultos al despecho y pensó que el tiempo cerraría las heridas abiertas. Con frecuencia, y pese a que la víctima era ella, se sentía culpable de causarle tanto daño, aunque le extrañaba, por otra parte, que una persona tan mayor no supiera separar las cuestiones personales de las profesionales. De hecho, durante la época en la que las relaciones estaban más o menos bien, él le repetía continuamente que había que saber separar ambos ámbitos. Desde el temperamento racional de Nevenka, era difícil justificar esa distancia entre lo que se predicaba y lo que se llevaba a cabo.

Nevenka tenía otro frente sentimental, pues tras distanciarse de su novio Ramón, al que había contado su aventura con el alcalde, reinició con él una relación terminal que se prolongaría hasta la primavera.

Entretanto, llegó el 13 de marzo de 2000, día de las elecciones generales que el PP ganó por mayoría absoluta. Todo el equipo de este partido en el Ayuntamiento fue a celebrarlo a un local de Ponferrada. Nevenka estaba buscando el momento de marcharse a casa sin llamar la atención cuando el alcalde se acercó a ella y le dijo que habían quedado en acudir, tras ese primer encuentro, a otro local llamado Delfos.

Nevenka dice que Ismael estaba borracho y que cuando ella manifestó su intención de marcharse, se puso pesado, pues no tenía un buen beber. Finalmente, le aseguró que iría a Delfos, para que la dejara en paz, pero luego, tras advertir a alguien del entorno que no contaran con ella, cogió el coche y se marchó a León para encontrarse con su novio.

Al día siguiente tendría lugar el primer episodio grave del conflicto, que aparece, aunque muy resumido, tanto en el informe de la doctora Mollá como en el de Alfonso Hurtado. En efecto, no eran las diez de la mañana cuando sonó el teléfono en la casa de los padres de Nevenka. Lo descolgó la madre de la concejal. Al otro lado del hilo estaba el alcalde, muy irritado. Dijo a la mujer que su hija era una irresponsable, que faltaba a trabajar cuando le daba la gana.

—Yo ya no sé qué hacer con ella —añadió Ismael antes de colgar.

La madre, alarmada, telefoneó a su hija para contarle la conversación que acababa de tener con Ismael Álvarez. Cuando Nevenka le pidió explicaciones por este comportamiento, el alcalde respondió:

—Eres una hija de puta y yo voy a ser más hijo de puta contigo.

Nevenka comprendió que aquello no tenía arreglo, de modo que decidió poner a sus padres al corriente de todo y buscar una salida a la situación. Fue entonces cuando el padre de Nevenka le dijo que si le gustaban los viejos por qué no iba a la residencia del Imserso. La madre le reprochó que no hubieran servido de nada todas las advertencias que le habían hecho en el sentido de que Ismael Álvarez era un mujeriego.

La semana siguiente Nevenka notó que en el Ayuntamiento se hacía el vacío en torno a ella. Se cruzó con el alcalde en un par de ocasiones y no le dirigió la palabra. Ella, pensando que se le pasaría, intentaba hacer su trabajo con normalidad, lo que no era fácil, pues una concejalía como la suya exigía con frecuencia la colaboración de las otras. Recuerda haber pedido, por ejemplo, unos documentos a Darío, el concejal de Medio Ambiente, que la remitió al alcalde.

El viernes, cuando ya estaba a punto de marcharse, entró en su despacho la secretaria del Grupo Popular (Alicia López Riesco, «casualmente» hermana de Carlos López Riesco) y le comunicó, de parte del alcalde, que el lunes sería cesada. Nevenka se puso muy nerviosa y pensó que era mejor dimitir antes de ser cesada. Escribió en un folio su dimisión y luego llamó a sus padres. Su padre le pidió que no hiciera nada y que fuera a casa.

Una vez enterados sus padres de cómo había discurrido la semana, la madre telefoneó al móvil de Carlos López Riesco, el amigo de la familia, el «protector» de Nevenka, que en ese momento iba «por casualidad» en el coche junto al alcalde. Quedaron en verse al día siguiente en el Ayuntamiento. Nevenka encargó a su madre que le dijera a Ismael Álvarez que si no le daban una salida digna, denunciaría ante la prensa las causas de su cese.

A la reunión acudió también Carlos López Riesco, que no abrió la boca. El alcalde dijo que estaban muy decepcionados con Nevenka y que no veía otra solución que su salida del Ayuntamiento. La madre respondió lo que estaba dispuesta a hacer Nevenka ante tal arbitrariedad, pero no la creyeron e insinuaron que su reputación sufriría más que la de Ismael Álvarez. Cuando la mujer volvió a casa, dijo a su hija estas palabras:

—Nevenka, hija, vete, porque si no te van a hacer la vida imposible.

Añadió que la reunión había sido horrible y que la actitud de los dos hombres había sido de una frialdad tal que a veces daban miedo.

El lunes, Nevenka llegó a su despacho y comenzó a recoger sus cosas antes de convocar a los medios para presentar su dimisión públicamente. No le dio tiempo, pues recibió una llamada del alcalde citándola en su despacho.

Nada más sentarse, él comenzó a hablar. Su actitud ahora era paternalista. Dijo que no quería que se fuera, que no se lo iba a perdonar si la dejaba ir, pues era una gran profesional y no era justo que perdiera su trabajo por lo que había ocurrido entre ellos. Nevenka le recriminó su actitud, así como el vacío que había establecido en torno a ella durante toda la semana anterior. Él se excusó y le pidió que comprendiera también su situación, pues se había sentido «dejado» por ella, pero añadió que, «por favor», se quedara. Nevenka insistió en que era mejor abandonar, pues si su presencia le afectaba tanto, el trabajo se haría imposible. Él respondió que ya era «mayorcito» para encajar un «no», que no volvería a ocurrir nada parecido y que le disculpara ante sus padres.

—Tú haces un buen trabajo. Quédate y cuando los demás vean que todo va bien, se portarán también contigo de un modo normal.

Nevenka salió del despacho de Ismael Álvarez liberada de la tensión sufrida durante todo el fin de semana, aunque con la duda de si aquello que acababa de ocurrir no era más una tregua que una solución definitiva. Sus padres, sobre todo su padre, recibieron la noticia con un respiro de alivio, pues la idea de ver a su hija en los periódicos, mezclada en un asunto de sexo y política, tampoco les había dejado dormir. Nevenka intentó convencerse de que las aguas regresarían de verdad a su cauce. Su trabajo le gustaba mucho y estaba empeñada en sacar adelante la reforma fiscal que se había aprobado en los presupuestos de 1999.

Las manos en los bolsillos

Enero y febrero son meses fríos en Madrid, pero la luz de los días empieza a estirarse y en los árboles, si te fijas, aparecen los primeros brotes. A Nevenka le resultaba extraña la nueva forma de relación con esa ciudad en la que siempre había estado en calidad de estudiante, si exceptuamos la breve etapa del máster en Arthur Andersen. Llevaba «emboscada» casi seis meses, desde que huyera de Ponferrada, en septiembre del año anterior. Continuaba recibiendo llamadas amenazantes (y no de pequeño calibre: «Te voy a pegar un tiro», o «Cuando salgas a la calle, mira para atrás»), pero ya no les prestaba atención, porque estaba más atenta a las llamadas de su mundo interno. Las sesiones diarias con el psicoanalista le daban material para pensar no solo en los acontecimientos que la habían conducido a la situación actual, sino en su propia vida. Era consciente de que en su entorno todos confiaban en que desistiría de denunciar a Ismael, pero cuanto más sabía de sí misma, más evidente le resultaba que no tenía alternativa. Lucas iba y venía de Talavera a Madrid. Ella iba algunos fines de semana. Y escribía en su cuaderno, a lápiz, tratando de explicar y de explicarse por qué no había sido capaz de escapar antes de aquella situación.

«Tras la crisis del mes de marzo en el Ayuntamiento —dice Nevenka a su psicoanalista y a su cuaderno—, parecía que las cosas empezaban a recobrar un punto de normalidad». Ella colaboraba cuanto le era posible a la creación de una atmósfera habitable. Como los concejales de dedicación exclusiva solían tomar café juntos por la mañana, Nevenka tomaba a veces la iniciativa de llamarlos. Procuraba, sobre todo, romper la barrera de incomunicación con Carlos López Riesco, que era el más distante, aunque él no hizo durante todo este tiempo ningún esfuerzo por disimular la incomodidad que le producía la presencia de la joven.

De otro lado, hacía equilibrios para mantener con el alcalde una distancia que, permitiéndole trabajar, no favoreciera una repetición de las circunstancias anteriores. Esa distancia era en la práctica casi imposible de alcanzar, ya que un puesto de confianza como el que desempeñaba no tenía un horario fijo ni unos límites claros entre la relación laboral y la personal. Continuamente había cenas o comidas oficiales en las que el alcalde tenía la oportunidad de poner a prueba ese equilibrio. Pero también la vida cotidiana estaba repleta de situaciones ambiguas que, en realidad, no eran sino una sucesión de trampas. Ismael Álvarez llamaba, por ejemplo, a Nevenka para despachar un asunto de trabajo y, al terminar la reunión, decía:

—Bueno, vamos a tomar un café.

¿Quién se negaría a tomar café con un superior sin ser calificado de loco? Nevenka preguntaba si avisaba a los demás y el propio alcalde los llamaba delante de ella. Pero cuando llevaban un rato en la cafetería sin que hubieran aparecido y Nevenka preguntaba por ellos, el alcalde saltaba:

—No habrán podido venir. ¿Qué pasa? ¿Te da miedo quedarte sola conmigo?

Nevenka respondía que no y él añadía que otras veces tomaba café con Carlos o con Darío sin que hubiera nadie más y ellos no estaban incómodos.

—Somos compañeros, ¿no sabes entender eso? Eres un poco histérica, no te voy a violar ni nada parecido...

La otra posibilidad es que acudieran todos a tomar café. Entonces Nevenka se encontraba más cómoda, aunque, si no sonreía, se le reprochaba que estuviera seria y que no colaborara a crear un buen clima de trabajo. Pero si sonreía, su actitud era interpretada por el alcalde como «quiere algo».

Hiciera lo que hiciera, en fin, lo hacía mal.

Aunque las conversaciones solían empezar a propósito de un asunto profesional, enseguida derivaban hacia lo personal. Un día, tras una comida de trabajo con unos consejeros, mientras se dirigían al Ayuntamiento, Ismael Álvarez se acercó a ella y le dijo que esa tarde tenían que despachar, pero luego, cuando la tuvo delante, empezó diciendo que la notaba cansada, que no tenía buena cara.

—Estoy bien... —respondió Nevenka.

—No estás bien, te falta un poco de cariño, pero como no dejas que te lo dé yo...

Nevenka puso cara de enfado:

—Ya estás otra vez... —dijo.

—Pero, mujer, si no era más que una broma...

La imagen que quedaba de ella finalmente era la de una susceptible, cuando no la de una paranoica. Siempre era así. No había conversación que no terminara en alusiones personales que nunca eran lo suficientemente graves como para organizar un escándalo, aunque sumadas unas a otras constituían una forma de asedio del que Nevenka no fue consciente hasta que estuvo dentro de la trampa.

«Fue tan sutil al principio como directo al final —escribiría en su cuaderno—. Cuanto más me hundía yo, más claro me lo decía él. Pero es que al final (me refiero a cuando pedí la baja), yo ya era incapaz de reaccionar».

Nevenka no contaba esas «bromas» a nadie, porque cuando se imaginaba haciéndolo se sentía ridícula. Entonces se reprochaba el ser tan exagerada y tan poco comprensiva con los demás.

Pero ¿cómo saber cuál era el límite?

Un día, mientras tomaban café, el alcalde le dijo:

—Cuando estoy a tu lado, tengo que tener las manos en los bolsillos.

Nevenka sintió un asco tremendo, pero no fue capaz de reaccionar. Se lo contó a su padre, esperando que la opinión de otro hombre le ayudara a averiguar cuál era ese límite, y su padre se limitó a responder:

—Cuando te diga eso, dile que se duche con agua fría.

Parecía que la que estaba mal de la cabeza era ella, que exageraba el significado de aquellas «bromas», porque carecía de sentido del humor.

Por estas fechas (estamos en mayo) ocurre lo de las habitaciones comunicadas del hotel de Valladolid.

La reaparición de Lucas

También por estas fechas, aparece (o reaparece, enseguida veremos por qué) Lucas, a quien Nevenka había conocido cuando estudiaba Empresariales en Madrid. Él tenía un año más que ella, pero repitió un curso y se encontraron en tercero. Lucas era un estudiante irregular: iba poco a clase y estudiaba lo justo para sacar las asignaturas adelante, quizá porque sabía que, cuando terminara la carrera, estaba condenado, de acuerdo con las normas establecidas en su familia para quienes recibían el nombre de Lucas, a regresar a Talavera y ocupar un puesto en la empresa familiar. Nevenka era la delegada de curso. Tenía fama de responsable y Lucas acudía a ella con frecuencia para pedirle apuntes o fotocopias. Poco a poco se fue fraguando entre ellos una amistad en la que cada uno se convirtió en el confidente del otro. Además de confidencias personales, intercambiaban inquietudes intelectuales. A Lucas le gusta filosofar y es un discutidor infatigable. Cabe suponer que hablaban sobre lo divino y lo humano.

En cuarto curso, Nevenka le dio clases particulares de Econometría y él, a cambio, la invitaba al cine. Por aquellos días se dieron cuatro besos, cuatro, y Nevenka se sintió fatal porque en ese momento ya tenía relaciones con Ramón y pensó que quizá era ninfómana. Habló con Lucas, le dijo que aquello no podía continuar y le pidió que olvidara lo ocurrido. Lucas le dijo que no se preocupara, lo que resultó muy liberador. La discreción y la delicadeza de Lucas fueron tales que Nevenka comprendió que había encontrado en él a un verdadero amigo, es decir, y según sus palabras, «alguien con quien estás a gusto sin necesidad de nada más».

La amistad entre ambos llegó a ser tan conocida y aceptada que a veces Ramón llamaba a Nevenka por teléfono y esta no le ocultaba que estaba con Lucas.

¿Quién era Ramón?

Por lo que Nevenka cuenta, Ramón era un tópico, es decir, un joven muy guapo que estudiaba una carrera interminable de minas en León y que pertenecía a la tuna. Se conocieron en Villadepalos, el pueblo del padre de Nevenka. Como él estudiaba en León y ella en Madrid, la distancia se ocupaba de aumentar la pasión. En cierto modo, Ramón era la antítesis de Lucas: su imagen exterior resultaba impecable, pero estaba muy poco cultivado interiormente. De haber continuado con él, habrían hecho una boda convencional y habrían llevado una vida convencional que a Nevenka, ahora, le espanta imaginar. Cuando conoce a Ismael, el noviazgo se encuentra ya en fase terminal. Tras la breve relación con el alcalde, Ramón la llama de vez en cuando y continúan viéndose, alimentando una relación sin futuro, hasta la reaparición de Lucas. Cuando salió el juicio, Ramón se negó a testificar, aunque su palabra habría sido importantísima, por el conocimiento que tenía del caso. Nevenka no cree que lo hiciera por despecho, sino por cobardía.

En el juicio, se intentó pintar a Nevenka como una chica «ligera de cascos», pero lo cierto es que estos son los hombres de su vida: Ramón, que fue el novio tópico, el tuno guapo, con el que habría hecho un matrimonio y una vida previsibles; Ismael, que ya hemos visto que resulta una prótesis del padre y que, como el padre verdadero, también la decepciona. Y Lucas.

Desde que terminaran la carrera, Lucas telefoneaba de vez en cuando a Nevenka y cada uno le contaba al otro cómo iba su vida. Ella mostraba siempre el lado amable de su trabajo y jamás le hablaba de las dificultades que tenía con el alcalde. A mediados del mes de junio, Nevenka tuvo que ir a Madrid para hacer un curso sobre el catastro. Lucas se reunió con ella y la invitó a los toros. Después fueron a cenar y a tomar unas copas y continuaron hablando. A medida que pasaban las horas iba resultando más evidente que no se querían despedir. Finalmente, de madrugada, Nevenka acompañó a Lucas a su casa y, cuando llegaron al portal, el muchacho la invitó a subir y durmieron juntos.

Al día siguiente, Nevenka le dijo a Lucas que no podría olvidar nunca aquella noche y que tendría noticias suyas. Cuando llegó a Ponferrada, telefoneó a Ramón y quedó con él en la terraza de una cafetería que hay frente al teatro. Ramón se dio cuenta de que Nevenka le iba pedir que finalizaran de una vez por todas aquella relación sin futuro y se puso a la defensiva, no quería escuchar. Le preguntó si había otro y Nevenka le respondió que creía que sí, aunque no estaba completamente segura.

—Pero no es por eso, Ramón, es que esto nuestro no va a ninguna parte.

Ramón insistió en que le diera un plazo y Nevenka le dijo que si sentía que se había equivocado, ella misma volvería a llamarle. Él se fue llorando y ella se quedó llorando, preguntándose por qué no era posible terminar bien las cosas. Lucas dice que Ramón se quedó tan mal porque sabía lo que se perdía.

Nevenka se queda, pues, sentimentalmente libre para iniciar su relación con Lucas, aunque casi no le cabe en la cabeza enamorarse de él a los cuatro años de conocerse. Hasta ese momento ella creía más en el flechazo que en la penetración lenta, porque el flechazo era el modelo cultural amoroso del que provenía. Lo de su padre y su madre, aunque ahora discutieran tanto, había sido un arrebato pasional del que ella, por cierto, era el producto. Dudaba de que hubiera amor si no había habido flechazo, aunque el caso de Ramón dejaba bien patente que el flechazo no garantizaba nada.

Tras romper con Ramón, en fin, Lucas y ella continuaron llamándose y viéndose, bien en Madrid, que constituía un excelente lugar de encuentro para ambos, bien en Ponferrada, porque Lucas, cuyo trabajo en la empresa familiar le dejaba más libertad de movimientos, se acercaba a verla.

Nevenka empezó a renacer. Volvía a arreglarse y estaba más animada. Lucas la recuerda muy delgada, pero muy guapa. Hicieron planes para las vacaciones de verano y ese horizonte, que estaba apenas a un mes de distancia, resultaba liberador, pues tenía la confianza de que el verano actuaría como un cortafuegos definitivo entre el alcalde y ella. Estaba convencida de que Ismael se enamoraría de otra durante el mes de agosto y que en septiembre podría reiniciar su vida laboral en el Ayuntamiento sin aquellos problemas.

A finales de junio, Rulos, un compañero del CEU, daba por su cumpleaños una fiesta en la que quería reunir a algunos de los amigos de carrera para ver qué había sido de la vida de cada cual. A Lucas y a Nevenka les apetecía acudir porque era un modo de «oficializar» su noviazgo. Los dos se reían imaginado la cara de sorpresa que pondrían todos cuando se enteraran, pues habiendo pasado los últimos años de la carrera como «los amigos», a ellos mismos les resultaba difícil contemplarse ahora como «los novios». La fiesta se celebraba un sábado, en Madrid, pero Nevenka decidió que viajaría el viernes para pasar la noche con Lucas y así se lo comunicó al alcalde, que le deseó que se lo pasara bien. Esa misma noche la llamó al móvil para decirle que se acordaba de ella, pero en un tono correcto.

Se celebró el cumpleaños en un piso que los padres de Rulos tenían en el barrio de Vallecas. Eran unos veinte, la mayoría de ellos antiguos compañeros del CEU. A Nevenka y a Lucas les daba vergüenza que los vieran juntos. Ella misma miraba a Lucas y casi no se lo podía creer. «¡Pero si es Lucas, el chico aquel de mi clase!», se decía.

Cada uno contó cómo le había ido durante el año escaso que había pasado desde que terminaran la carrera. Nevenka era, objetivamente, una de las triunfadoras, lo que estaba en consonancia con su currículum académico, pues todo el mundo la recordaba como una buena estudiante. Había otro antiguo compañero que era teniente de alcalde, también por el PP, en Sigüenza. Les gastaban bromas a él y a Nevenka, que si cómo iba el país, que si se llamaban para discutir asuntos de política... A Nevenka, que cuando lograba olvidarse de su situación le parecía muy importante lo que hacía, Lucas le hacía bajar a la tierra.

—Cuidado, cuidado —le decía—, que el dinero con el que vosotros trabajáis es de los contribuyentes.

La fiesta, en fin, resultó un éxito y tanto Nevenka como Lucas recibieron muchas felicitaciones por su noviazgo. Ella regresó a Ponferrada contenta, casi pletórica, pues aunque Ismael le había dejado varios mensajes en el móvil, todos eran correctos y siempre le deseaba que se lo pasara bien. Nevenka, que se había ocupado de hacerle saber que tenía novio, pensó que las cosas comenzaban a enderezarse. Entonces ocurrió lo que ella llama «lo de julio».

Lo de julio

A mediados de junio habían recibido todos los concejales una invitación para la boda del hijo mayor del concejal de Cultura, Manuel Rodríguez, que se casaba el 7 de julio en la localidad navarra de Estella. Unos días antes, Ismael Álvarez reunió en su despacho a los concejales con delegación exclusiva y les dijo que Manolo (Manuel Rodríguez) ya le había preguntado varias veces quiénes pensaban ir y quiénes no para saber los cubiertos que tenía que encargar. El alcalde era de la opinión de que ellos cuatro deberían acudir en representación del Ayuntamiento. Entonces intervino Juan Elicio para informar de que él no podía porque ese mismo día se casaba una prima de su mujer. Carlos López Riesco murmuró algo ininteligible.

—¿Qué dices, Carlos? —preguntó Ismael.

—Nada, que en principio sí, pero tengo que hablar con Julia.

Darío y Nevenka no abrieron la boca, de modo que el alcalde cerró el asunto diciendo:

—De acuerdo, vamos todos menos Juan Elicio.

Se dispuso que irían en dos coches, el de Ismael y el de Darío, pues no tenía sentido que cada uno llevara el suyo.

Durante aquellos días, el alcalde se mostró especialmente amable con Nevenka, llegando a proponerle que, como la boda era en un pueblo cercano a

Pamplona y aprovechando que coincidía con un fin de semana, «podríamos quedarnos hasta el domingo o el lunes para conocer los alrededores».

—¿Quiénes *podríamos quedarnos*? ¿Todos? —preguntó Nevenka.

—¡Ya estás otra vez! —saltó el alcalde—. ¿Qué pasa? ¿Acaso no podemos ir a ningún sitio tú y yo solos sin que pienses mal?

Nevenka resolvió la situación con la excusa de que el domingo era el aniversario de boda de sus padres y seguramente tendrían preparado algo.

El 6 de julio, viernes, tal como habían quedado, Nevenka llegó a la cita con su bolsa de viaje y se encontró con que allí no había nadie más que el alcalde.

—¿Y los demás? —preguntó.

—Al final han decidido que no vienen —respondió Álvarez.

Nevenka pensó «me largo», pero se quedó quieta, presa de un ataque de miedo. Sabía que le habían tendido una trampa y se reprochó no haberse dado cuenta antes. Se dijo a sí misma que era una idiota si no cogía la bolsa y se daba la vuelta, pero al mismo tiempo se decía que era ridículo montar esa escena, porque la calificarían con toda razón de histérica o paranoica. Se encontraba, aunque entonces no lo sabía, frente a una situación típica en la que la víctima del acoso es incapaz de reaccionar, de defenderse. De hecho, tras unos segundos de duda, y sin haber llegado a despegar los labios, metió la bolsa en el maletero y se subió al coche.

Durante el viaje hacia Logroño, donde tenían que hacer noche, apenas habló, aunque se esforzó en aparentar normalidad para que el alcalde no se enfadara y comenzara con la retahíla de «tú lo confundes todo», «somos compañeros», «no te voy a violar», etcétera. Ismael Álvarez se mostraba amable y dijo lo mucho que se alegraba de que ella fuera entendiendo por fin que «no pasaba nada» por ir con él «a donde fuera».

—Parece que por fin entiendes —añadió en un tono tan razonable que la misma Nevenka empezó a acariciar la posibilidad de que de verdad no ocurriera nada raro y la tratara como se trata a una compañera de trabajo.

Cuando llegaron a Logroño, tras aparcar el coche y entrar en el hotel, el alcalde se dirigió al empleado de la recepción y dijo que había una habitación reservada a nombre de Ismael Álvarez.

—¿Y la mía? —preguntó Nevenka, pues la secretaria del alcalde se había encargado de esas gestiones.

—No había más que una —respondió él, y añadió sin importarle que el empleado de la recepción lo escuchara todo—: ¿Ya te vas a poner histérica? ¿Es que tú nunca has compartido habitación con un amigo? ¡Hija, no te voy a violar...!

—No es eso, Ismael, claro que he compartido habitación con amigos, pero podías haberme avisado...

—Además —añadió él—, ya suponía suficiente gasto el venir. ¿Qué necesidad tenías de pagar otra habitación?

Nevenka, avergonzada por la escena, asintió con la cabeza y, mientras el botones los acompañaba, volvió a vivir una de esas situaciones que luego vería descrita en los tratados sobre acoso sexual, una situación en la que la víctima, incapaz de reaccionar, se ve actuando como desde fuera de sí misma, como si aquello que le está sucediendo fuera una película. Se vio tomando el ascensor, pero imaginando que salía corriendo en dirección contraria; se vio salir al pasillo, pero imaginando que se daba la vuelta, bajaba volando por las escaleras y salía a la calle; se vio entrar en la habitación, pero preguntándose «¿qué hago?», «¿por qué soy incapaz de reaccionar?», «¿cómo le explico a mi novio que no quería llegar a esta situación, pero que equívoco tras equívoco he acabado en Logroño, en la habitación de un hotel, con mi jefe?». Se daba perfecta cuenta de que cualquier persona razonable le diría: «Si estás ahí, es porque quieres estar; si no, no tienes más que darte la vuelta y huir». Para añadir aún más confusión, una de las voces que escuchaba dentro de sí decía: «A lo mejor todo esto es normal; a lo mejor eres tú la que no es normal».

Dejaron las maletas en la habitación y salieron a cenar. Ismael propuso que, en vez de entrar en un restaurante, picaran cosas por los bares del casco antiguo de Logroño. Cuando se hubo tomado dos vinos, comenzó con la monserga:

—Con lo que yo te quiero, Quenqui, te podría ayudar muchísimo si te dejaras...

Cuantos más vinos tomaba, más directo era:

—No es preciso —decía— estar enamorado para hacer el amor con alguien. Además, tú y yo nos hemos querido tanto que no puedo creerme que no quede nada. Si me quisieras un poco, en el trabajo todo iría mejor...

—Pero ¿qué tiene que ver? —respondía Nevenka, con una confianza absurda en los argumentos—. ¿Es que no podemos ser buenos compañeros si no nos acostamos juntos?

—No es lo mismo —decía él—. Si hiciésemos de vez en cuando el amor, habría más confianza entre nosotros...

Nevenka le respondía que no estaba de acuerdo con esa forma de pensar, que podía haber una perfecta confianza sin que se fueran a la cama.

—¿Acaso te acuestas con Carlos o Darío? —añadía ingenuamente, esperando que la lógica sirviera de algo.

—No es lo mismo... —respondía el alcalde.

—Pues yo no sé dar un beso si no lo siento —decía ella—, y eso también tendría que hacer que confiaras en mí, porque tú sabes que cuando te los di eran de verdad, y que si ahora no te los doy es porque no lo siento.

—Ya estás confundiendo —decía él—. Si es que no hace falta sentir para besar a alguien que aprecias. ¿Acaso te daría asco darme un beso a mí?

—Asco, no —mentía Nevenka reprimiendo la náusea—, pero no puedo dar un beso si no lo siento, no puedo hacer eso.

—¡Ay, Quenqui, qué tonta eres! Como no cambies esa actitud tan equivocada, te va a ir muy mal en la vida...

Y se echaba a reír.

En el tercer o cuarto bar se encontraron con un grupo de gente de Ponferrada que iba también a la boda. A Nevenka le molestó al principio que los vieran juntos, sobre todo porque el alcalde empezó a actuar como si ella y él fueran pareja, pero luego sintió un gran alivio, pues el encuentro le permitió, de un lado, separarse de Ismael y, de otro, demostrar con su actitud que la única relación con el alcalde era la de una compañera de trabajo. Dice que eran unos diez entre chicos y chicas. Fueron de bar en bar, picando y bebiendo, hasta las dos de la madrugada. Ella hablaba con todo el mundo, siempre en el punto más alejado del que se encontrara Ismael Álvarez, que empezó a descomponer el gesto. Cuando, pese a los esfuerzos de Nevenka por continuar, se despidieron, Ismael Álvarez se mostró furioso:

—¿Te parece normal? —dijo.

—Si me parece normal qué... —respondió Nevenka.

—¡No me has hecho ni puto caso desde que esa gente ha aparecido!

Nevenka creyó que era un buen momento para dejar las cosas claras para el resto de la noche.

—Claro que me parece normal —dijo—, lo que no es normal es que tú te comportes como un marido celoso. Eso, a menos que tus intenciones sean distintas a las que estás diciéndome todo el día.

—Vale, muy bien, ya estás otra vez con eso de las intenciones. Yo lo único que quería era charlar un rato contigo, Nevenka, porque nunca tenemos la oportunidad de charlar tú y yo solos, pero ha tenido que aparecer toda esa gente y se jodió todo...

—Mira, Ismael, a mí no se me ha jodido nada por la aparición de esa gente, y tu actitud, si de verdad te consideraras un amigo, no es normal. Dices una cosa, pero demuestras otra.

Él no dijo nada más y ella tampoco. Llegaron al hotel silenciosos y enfurruñados. Ella entró en el baño, se puso el pijama y se metió en una de las camas (había dos, separadas por una mesilla de noche), protegiéndose con las sábanas. Al rato de estar con las luces apagadas, se oyó la voz de él:

—Quenqui, ¿me perdonas?

Nevenka empezó a llorar. Le dijo que no quería hablar, que, por favor, la dejara dormir.

—¡Cómo eres! —insistió él—. Siento si me he comportado un poco mal. Lo siento y te pido perdón. Los amigos se perdonan. Eres una orgullosa, Quenqui. Tienes muy mal carácter y no sabes perdonar. Así no te va a ir nada bien.

El asedio, que duró casi toda la noche, está resumido en el tomo I de las diligencias judiciales de este modo: «De regreso al hotel y ya en la habitación, la señora Fernández, en su propia cama, no accedió a las pretensiones sexuales de él, limitándose a llorar y a suplicar que no insistiera, situación que devino en una actitud agresiva en el alcalde, con amenazas que se materializarían a la vuelta del viaje» (no es fácil entender por qué los sumarios judiciales tienen tantas páginas siendo tan económicos).

Al día siguiente, el alcalde, continuando con la técnica de la ducha escocesa, ya no le dirigía la palabra, lo que por un lado suponía un descanso, pero por otro la situaba frente a un horizonte laboral semejante al que produjo la crisis de marzo. Durante la boda se sentaron a una mesa casi vacía, ya que los puestos de Carlos López Riesco y Darío permanecían desocupados. No se dirigieron la palabra ni durante la celebración ni durante el viaje de vuelta, que duró seis horas.

Nevenka resistió la situación de aislamiento en la que volvió a caer después de la boda porque apenas unos días más tarde, el 26 de julio, cogía las vacaciones, que se prolongarían hasta la última semana de agosto. Pensó que este tiempo le serviría para tomar fuerzas y que Ismael, al estar sin verla tanto tiempo, se desengancharía de ella y a la vuelta todo habría cambiado. Entre las hipótesis que barajó estaba la de que se encontraba tan agotada y deprimida que quizá había exagerado las cosas («eres una estrecha, una loca, una paranoica, una histérica»).

El mismo día 26 se fue a Madrid y desconectó el móvil. Su plan era pasar la primera semana de agosto en Ibiza, con un par de amigas de la época del máster, y la segunda, con Lucas, en Tenerife.

En Ibiza se lo pasó muy bien, hasta el punto de llegar a olvidarse de Ismael Álvarez. Dice que empezó a arreglarse (había dejado de hacerlo con la esperanza de llamar menos la atención del alcalde) y a comprarse una ropa un poco más sexy de lo que en ella era habitual. Cuando se reencontró con Lucas en Madrid, estaba morena y muy saludable. Enseguida volaron a Tenerife, en cuyo aeropuerto fueron recibidos por una limusina (sorpresa de Lucas) que los condujo al mejor hotel del Puerto de la Cruz. Les dieron una habitación con vistas al mar. Dice Nevenka que se gastó toda la paga extraordinaria en aquellas vacaciones, aunque no hicieron nada especial, aparte de estar juntos. Se levantaban tarde y organizaban excursiones o pasaban las horas entre la habitación y la piscina del hotel. Todo era tan maravilloso que cuando la sombra de Ismael Álvarez pasaba por su cabeza, se le nublaba el rostro. Lucas le preguntaba qué ocurría, pero ella no se atrevió a romper aquella atmósfera poniéndole al tanto de sus problemas. Tuvieron alguna discusión, pues era evidente que ella ocultaba algo que le hacía daño, pero el saldo fue muy positivo para ellos como pareja y para la salud de Nevenka, que recuperó parte del peso que había perdido durante los meses anteriores. Lucas recuerda aquellos días como unas vacaciones gastronómicas y asegura, en broma, que aún no se ha desprendido de los kilos que cogió.

Al terminar la semana, Lucas se fue a Palma de Mallorca con unos amigos, para rematar el mes, y Nevenka se quedó en Madrid unos días. Fue entonces cuando se compró el perro, pues pensó que le haría compañía en Ponferrada. Lo localizó a través de internet y se quedó con él porque era el más feo de la camada. Tenía una oreja caída, le habían pegado y costaba la mitad que un perro de su raza. Volvió a Ponferrada en su coche, que había dejado en Madrid, con el animal a su lado, metido en una caja de cartón.

Al llegar al Ayuntamiento y comprobar la atmósfera de frialdad con que era recibida, se dio cuenta de que nada había cambiado. Las peores previsiones se cumplieron cuando, al saludar al alcalde, con el que se cruzó en un pasillo, él no respondió. Más tarde la llamó su secretaria:

—Ismael quiere verte en su despacho ahora mismo.

Nada más entrar, sin invitarla siquiera a que se sentara, le espetó:

—¡Qué bien haces tu trabajo!, ¿eh?

Dice Nevenka que su tono era tan frío y serio que daba miedo. Ella empezó a pensar con rapidez qué podía haber hecho mal antes de irse, pero no se le ocurrió nada. El alcalde le habló entonces de un problema que había habido con el impuesto de terrazas, una cosa banal a la que dio una trascendencia que no tenía.

—Estuvimos intentando hablar contigo, pero tu móvil, claro, estaba desconectado...

Nevenka se dio cuenta de que allí no se ventilaba un asunto laboral, sino un problema personal. Ismael Álvarez estaba reprochándole que no hubiera estado localizable para él, no para la alcaldía. Las voces que daba y los aspavientos que hacía no tenían ninguna proporción con el supuesto problema. Para terminar de confundirla, y como era frecuente en estas broncas, la escena terminó con un brusco descenso a lo personal:

—Por cierto, no tuviste la delicadeza de llamarme el día del aniversario de la muerte de Toñi. Y luego quieres que seamos amigos...

Nevenka no respondió.

A mediodía y tras un acto público al que acudieron todos, Ismael Álvarez volvió a dirigirse a ella:

—Voy a tomar un café, ¿me acompañas?

Una vez en la cafetería, inició el alcalde la conversación:

—Bueno, y qué tal tus vacaciones. No te pregunto qué has hecho porque no me lo querrás contar...

Nevenka le dijo que por qué no iba a querer y él respondió que prefería no saberlo, pues estaba seguro de que había ligado mucho.

—De todas formas —añadió—, tú y yo no somos amigos ni nada, ¿no?

Aquello parecía una noria y no dejó de serlo hasta que el 22 de septiembre, a las cuatro semanas de haber regresado de las primeras y últimas vacaciones de verano que tomaría como concejal de Hacienda y Comercio del Ayuntamiento de Ponferrada, se metió una dosis de calmantes, administró otra al perro (sin glucosa, porque estos animales son diabéticos) y huyó con el animal a Madrid en un coche de línea.

Las últimas líneas del cuaderno marrón en el que Nevenka cuenta para sí misma y para su abogado su odisea laboral dicen así: «Todavía recuerdo que lo primero que le dije al psiquiatra fue: "Necesito saber si estoy loca. Y si lo estoy, ayúdeme". Llevaba muchos meses atiborrándome de pastillas para poder dormir unas pocas horas. Trabajaba con tanto miedo a meter la pata que no me daba cuenta de que ni comía. Cuando llegaba a casa, lloraba, me desahogaba y me ponía a estudiar que todo estuviera en orden. Intentaba tanto hacerlo bien que no era consciente de nada más, ni siquiera de que, hiciera lo que hiciera, nunca iba a hacerlo bien».

Nace la otra Nevenka

Una vez puesta la denuncia, que hicieron coincidir con la rueda de prensa del hotel Temple, en Ponferrada, la ya exconcejal de Hacienda y su novio comprobaron lo difícil que es defenderse del acoso de la prensa. No sabían qué hacer. Pidieron consejo al señor Invisible, que dijo lo siguiente:

—En estas cosas no hay término medio, Nevenka. Si das una entrevista, una sola entrevista, te habrás metido en una rueda imposible de detener. Y si entras en el circuito de los programas de televisión de sobremesa, ya no podrás controlar tu imagen. A partir de ese instante, bastará que alguien te saque una foto en un bar, con una copa en la mano, para que circule sobre ti una imagen de frivolidad de la que no podrás defenderte. Durante todo este tiempo, hasta que salga el juicio, y calcula que tardará en salir un año, tienes que llevar una vida de monja.

La reconocían en todas partes y la gente se daba con el codo cuando se cruzaban con ella. No podía estar más de dos minutos en una cafetería sin que le llegara el murmullo:

—Mira, es Nevenka Fernández, la concejal de Ponferrada.

Para quitarse de en medio, se fue unos días a Ibiza, a casa de su hermana Amelia, pero comprendió enseguida que aquello no era una solución. Las esperanzas de trabajo, por otra parte, se habían venido abajo de momento. No había una sola empresa española que se arriesgara a contratar a una mujer que había denunciado a su jefe por acoso sexual. Solo recibía ofertas económicas de programas de televisión especializados en la emisión de basura.

Finalmente, tras darle muchas vueltas, llegaron al acuerdo de que se iría a Wrexham, una localidad del norte de Inglaterra donde trabajaba Javi, un amigo de Lucas que se ofreció a echarles una mano. Nevenka tuvo que pedir dinero prestado a sus padres, que se lo dieron a regañadientes, ya que, además de haber comenzado a atravesar dificultades económicas, no estaban conformes con que se fuera al extranjero. Hizo el viaje desde Madrid, con Javi, el amigo de Lucas, que por esas fechas (finales de abril) regresaba a Wrexham tras una estancia en España.

En Inglaterra, y pese a la dureza del medio, encontró Nevenka un tipo de paz que ni siquiera sabía que existía. Ella hace de aquellos meses un relato tan bien construido que da la impresión de habérselo contado a sí misma cien veces antes de contármelo a mí. Wrexham permanece en su memoria como un espacio mítico en el que se encontró por fin, cara a cara, con la Nevenka que desde algún lugar recóndito de sí misma venía diciéndole: «Hay algo que no es como me cuentan».

Este es su relato:

«Yo solo sabía que me iba con Javi y que me iba a ir bien, pero no conocía ni el nombre del pueblo al que me dirigía. En principio pensaba irme dos o tres meses, mientras aquí se enfriaba el asunto de la denuncia y de la rueda de prensa, y con la idea de perfeccionar mi inglés, que era muy básico. Cuando me encontré con Javi, al que no conocía de antes, en el aeropuerto de Madrid, pensé que si mis padres llegan a ver con quién me iba, no me hubieran dejado subir al avión. Llevaba una cola de caballo y su aspecto correspondía en general a la imagen que ellos (y yo misma en aquella época) tenían de un drogadicto o algo semejante. El viaje se me hizo eterno, pues el avión nos dejaba en Liverpool, que está a más de ochenta millas de Wrexham. En Liverpool cogimos un autobús que nos llevó a la estación, donde teníamos que tomar un tren para Chester, pero no había ninguno hasta las once de la noche y eran las nueve. Hacía mucho frío y nos metimos en una hamburguesería para matar el tiempo. Yo me fijaba mucho en Javi, que es muy alto y moreno. Javi es de Ponferrada también, pero yo no lo conocía. Él y Lucas eran amigos de la época de estudiantes. Una vez en Chester, tuvimos que coger otro autocar que nos llevó a Wrexham. Luego fuimos andando hasta la casa donde vivía Javi. Todas las casas eran iguales y todo estaba sucio, pues es una zona muy industrial. De vez en cuando teníamos que dejar las maletas en el suelo y descansar. Mi primera percepción fue desastrosa. Abrimos la puerta de una de aquellas casitas de dos pisos, todas idénticas entre sí, y escuché el sonido de un televisor. Mi maleta no cabía por el pasillo. La habitación de Javi estaba frente a las escaleras, en el piso de arriba. Era pequeñísima. Yo no sabía que tendría que compartir la habitación con él. Recuerdo que abrió la puerta, señaló una de las dos camas y dijo:

»—Esta es la tuya.

»Yo me dije: ya estoy en otro lío. Dios mío, ¿qué hago yo aquí? No había teléfono y estaba todo muy desordenado. Yo me imaginaba a mi madre viendo a su hija meterse en aquella cueva porque para mi madre todas las casas están sucias, aunque estén relucientes. Pero esta estaba sucia de verdad. Había ropa en el suelo y libros por aquí y por allá. Mi cama estaba pegada a la ventana, cuya madera tenía costras de porquería, y se encontraba separada de la de Javi por un estrecho pasillo. Dejamos las cosas y bajamos al salón común, para que me presentara a la gente con la que compartía la casa. Era un adosado, con un jardincillo lleno de porquería.

»Javi es ingeniero y entonces trabajaba de mecánico. Se levantaba a las cinco de la mañana y no regresaba hasta las seis de la tarde, pero encargó a otro amigo español, un tal Óscar, que viniera a buscarme al día siguiente para echarme una mano. Yo quería comprarme un móvil para estar conectada con Lucas y ver si había cursos de inglés para extranjeros en la universidad. También quería buscar un sitio desde el que pudiera conectarme a internet, para disponer del correo electrónico. Bueno, iba de susto en susto, primero porque toda aquella gente pertenecía a una cultura con la que yo no había tenido nada que ver y, luego, porque me di cuenta de que el inglés que tenía no me servía para nada. Una vez que apunté en la agenda del móvil los teléfonos esenciales para mí me quedé más tranquila. Aquel día me compré para comer un sándwich vegetal y por la tarde Javi me enseñó qué parte del frigorífico común era la suya, por si quería utilizarla. Yo entonces todavía comía mal, dormía mal y me temblaban las manos con frecuencia. Javi me cuidaba mucho, me hacía tortillas de patata. Desde el punto de vista gastronómico, es muy berciano.

»Conseguí apuntarme de oyente a dos cursos, uno de inglés y otro de arte contemporáneo. Hablaba con Lucas todos los días y aunque a veces, al pensar en el juicio, me daban ataques de ansiedad, iba teniendo la impresión de haber encontrado mi sitio. En Inglaterra la gente vive mucho en casa, así que dediqué bastante tiempo a limpiar la habitación que compartía con Javi. Los pequeños progresos que hacía con el inglés me estimulaban. Consideraba un éxito ir a comprar y que me entendieran.

»Soñaba mucho y me despertaba llorando. Javi llevó eso con mucha paciencia. No permitía que dejara de comer y lo hacía todo de un modo que casi no se notaba. Empecé a relativizar las cosas. Un día, estábamos viendo la tele en la sala común del piso de abajo y me pasaron un canuto. Yo nunca había fumado, aunque mucha gente me había dicho que era mejor una calada de hachís que todas aquellas porquerías de medicinas que tomaba para dormir. Di una calada con muchas prevenciones, pues según mi familia el porro es la antesala de la heroína. El caso es que, al poco de haber dado aquella calada y mientras escuchaba el murmullo de la televisión y de los compañeros de la casa, me quedé dormida en el sofá. Al despertar, casi lloré de gratitud. Hacía meses que no dormía de ese modo. Y había sido posible porque me encontraba en un ambiente en el que me sentía protegida, pese a que era el ambiente opuesto al de la cultura de la que yo procedía. Me había relajado entre personas frente a las que mis padres se habrían cambiado de acera si se hubieran cruzado con ellas por la calle. Empecé a reducir el número de pastillas y recobré fuerzas.

»Entonces escribí mi currículum en inglés y empecé a enviarlo para ver si conseguía trabajo. Me contestaban de todas partes y empecé a acudir también a entrevistas de trabajo. Llevaba allí un mes o así... Mi inglés había mejorado y yo me sentía integrada.

»Yo había oído hablar entre los estudiantes que la gente se apuntaba a empresas de trabajo temporal para trabajar por horas en las fábricas de los alrededores. Me apunté yo también y un día me llamaron para ir a una fábrica. La verdad es que lo entendí todo a medias y de repente me vi montada en un coche que nos venía a recoger, porque el sitio estaba muy lejos, con otras tres o cuatro personas, entre ellas un chavalín de unos dieciséis años. Llegamos a un sitio desolador, con un olor indescriptible, donde estaba la fábrica. Me hicieron ponerme una bata, unas botas que estaban congeladas por dentro y un gorrito. Era una fábrica de productos congelados. El primer día me pusieron en una cinta. La comida congelada salía por un extremo de la cadena y yo estaba en el otro. Tenía que introducir los productos en unas cajas de cartón que estaban plegadas. La jornada era de diez horas, con una de descanso para comer. Me corté las manos con los bordes del cartón. Había personas que llevaban allí siete u ocho años, muchas madres solteras. Yo tenía el consuelo de saber que ese no era mi futuro, pero todas aquellas personas, no. Me pareció estremecedor. Cuando hice el máster, nos llevaron un día a visitar una fábrica de Nestlé en Albacete y vi por primera vez una cadena de trabajo. Me pareció degradante, embrutecedor. Recuerdo que pensé que yo jamás podría hacer algo así. Y, sin embargo, allí estaba, en el interior de una nave fría y húmeda. Es un trabajo peligroso, porque al ser puramente mecánico no paras de darle vueltas a la cabeza todo el día, te puedes volver loca. Yo imaginaba cómo sería el juicio y me preparaba para cuando tuviera que declarar y todo eso... También imaginaba historias que escribía por la noche.

»En todo caso, prefería eso a quedarme en casa, porque me ganaba un dinero y me sentía útil. Relativizaba mi situación también al ver las vidas de otras personas que estaban peor que yo. Conocí a una madre soltera de veintidós o veintitrés años que llevaba siete u ocho haciendo aquel trabajo todos los días. Era una mujer completamente destrozada.

»Me pagaban lo mínimo, 3,75 libras menos impuestos a la hora. Un día saqué veinticinco libras netas y mi habitación costaba cincuenta libras a la semana. Tenías que contar con que no te llamaban todos los días, claro.

»Un día me cambiaron de sitio porque me hice un corte bastante profundo en un dedo al desplegar una de las cajas. Me colocaron en una zona de la cadena en la que había que poner cinco trozos de pollo congelado en una bandeja. Yo metía seis en alguna, pero tenías que hacerlo con cuidado porque se daban cuenta enseguida. Era un plato preparado de pollo al curry. Los dedos se te quedaban congelados. Las bandejas llegaban al final de la rueda a una balanza donde se pesaban. Si pesaban más de la cuenta, te la devolvían. Otra temporada, en lugar de poner el pollo, puse el arroz. Tenías a tu derecha un cubo de arroz enorme y, frente a ti, una pesa. Tenías que poner entre cien y ciento cincuenta gramos. Ocho o diez horas seguidas con aquella balanza enfrente de ti. Había gente que hacía horas extras. Durante aquella época mis padres amenazaron con venir a verme. Yo temblaba imaginando su cara cuando vieran de qué forma vivía. Conseguí disuadirles.

»Ese fue mi primer trabajo. Luego mejoré. En agosto me ofrecieron entrar en un *fish and chips*. Entonces, nos cambiamos de casa y tuve una habitación para mí sola. Se trataba de un trabajo fijo, aunque ilegal, a dos libras la hora. Al principio limpiaba los retretes, pero luego convencí al dueño de que me dejara freír las patatas. Trabajaba cinco o seis horas diarias. Cuando llevaba dos meses, mi inglés había mejorado mucho. Entendía a todos los clientes y mi idea era que ya podía trabajar en algo relacionado con mi carrera, pero aunque enviaba muchos currículos no acababa de salirme nada. Entonces pensé que tenía que volver a España o irme a Alemania, porque allí no podía aprender más.

»En esto, cuando ya estoy a punto de tomar la decisión, me llaman por teléfono de una agencia de Manchester y me dicen que hay una empresa llamada Bristol Myers Squibb que necesitaba una persona de mi perfil académico. No me lo podía creer. Me dieron un teléfono para que llamara a las trece horas en punto a una señora cuyo nombre no olvidaré nunca: Carol Jacobs. La entrevista duró cinco minutos. Era un viernes y me citaron para incorporarme el lunes. A veces, de la noche a la mañana te cambia la vida.

»El trabajo era sencillo. Consistía en buscar facturas antiguas que se habían quedado en el sistema y averiguar qué había sucedido con ellas. Me dedicaba al mercado español y semanalmente pasaba un informe. Ganaba doscientas libras a la semana (ciento sesenta netas) y la casa me costaba ochenta. En mi departamento, la única española era yo. En los nueve meses que trabajé allí me ascendieron dos veces, la primera vez, en diciembre, porque quedó libre una plaza de *financial controller*, que es el equivalente a la auditoría interna. Era un trabajo muy bueno, también desde el punto de vista de la formación, porque te permitía conocer la contabilidad inglesa y americana, además de la española. Me gustaba mucho ese trabajo, porque si comprendes los estados financieros, comprendes la empresa de verdad. Parecía que, por fin, había encontrado mi sitio desde todos los puntos de vista. Mis relaciones con la gente eran muy buenas, porque allí no había trascendido la historia de Ponferrada y conocían a una Nevenka distinta de la que conocían los españoles. Creo que yo misma empecé a conocer también a otra Nevenka».

El juicio

El 29 de abril de 2002, cuando Nevenka llevaba un año en Inglaterra, comenzó en el Tribunal Superior de Castilla y León el juicio contra Ismael Álvarez. Unos días antes, la Asociación para la Defensa de la Mujer Acosada (APADEMA), que se había personado en su día para ejercer la acusación popular, divulgó que se retiraba del caso al haber perdido la confianza en la denunciante, sin aclarar el porqué de esa pérdida. Lo ocurrido es que Inma Canet, la presidenta de la asociación, había pedido a Nevenka una cantidad de dinero desorbitada para seguir adelante. Nevenka respondió que no disponía de ese dinero, del que, por otra parte, nunca le habían hablado, e Inma Canet le sugirió que vendiera alguna exclusiva periodística, a lo que la joven se negó. La retirada de APADEMA no afectaba a la marcha del juicio, pero constituía un duro revés psicológico para la defensa de la exconcejal.

El ministerio fiscal pedía para el acusado quince fines de semana de arresto y una indemnización de seis mil euros. La acusación particular solicitaba un año de prisión, dieciocho mil euros de multa y una indemnización de doce mil euros por daños morales y secuelas. La defensa pedía la absolución.

El primero en declarar fue Ismael Álvarez, que negó todos los extremos de la denuncia y aseguró que el acosado había sido él. Esta manifestación, en un hombre con fama de mujeriego y que doblaba la edad de la denunciante, causó en la sala un estupor que se reflejaría en los titulares de la prensa del día siguiente.

La declaración de Nevenka fue seguida por el público y los periodistas que abarrotaban la sala con un silencio estremecedor, producto del dramatismo con el que la joven narró las diversas fases del acoso al que había sido sometida desde que rompiera su relación sentimental con el alcalde. Cuando relató, a requerimiento de Adolfo Barreda, su abogado, la escena del hotel de Valladolid, con las dos habitaciones comunicadas, el presidente le ofreció un vaso de agua para que se calmara. Al terminar, Barreda le preguntó por qué no se había marchado de la habitación.

—Me hice esa pregunta muchas veces —respondió Nevenka—. No me podía mover, no podía pensar cómo había llegado hasta allí, porque sabía lo que iba a pasar al día siguiente.

—¿Qué es lo que iba a pasar? —preguntó el abogado.

—Castigo... —respondió Nevenka entre sollozos—, castigo... Al día siguiente había una reunión de la comisión de Hacienda. Había un error de transcripción en un papel que no fue mío, aunque tampoco hubiera pasado nada de haber sido así. Yo levanté la mano para hablar, porque la oposición hacía su trabajo y protestaba. Él cogió los papeles y dijo: «Esto es una mierda». Se salió de sus casillas, porque habitualmente sabía comportarse en público.

Cuando llegó el turno del fiscal, José Luis García Ancos, el juicio adquirió un derrotero imprevisible al tratar este a la acusada con una dureza tal que el juez hubo de llamarle al orden, recordándole que Nevenka Fernández no se encontraba allí en calidad de acusada, sino de víctima. Pese a este requerimiento, el fiscal, lejos de abandonar su tono agresivo, pronunció la frase que ocuparía al día siguiente los titulares en toda la prensa nacional:

—¿Por qué usted, que ha pasado este calvario, este sufrimiento, que se le han saltado las lágrimas, por qué usted que no es una empleada de Hipercor que le tocan el trasero y tiene que aguantar por el pan de sus hijos, por qué usted aguantó?

Sorprendentemente, el juicio no fue suspendido en ese mismo instante, por lo que Nevenka, acosada ahora también por la Justicia, respondió con expresión de terror:

—No quería irme porque quedaría la imagen de que había hecho algo malo.

La alarma social frente a la actitud de García Ancos, manifestada a través de las protestas de organizaciones de todo tipo, obligó a la Fiscalía General a abrir diligencias contra el fiscal, que a los pocos días fue relevado, lo que se tradujo en una interrupción del juicio, que se reanudó el 13 de mayo.

El resto de la vista oral transcurrió sin incidentes notables. Algunos testigos de la defensa intentaron enmarcar la denuncia de Nevenka en el contexto de una trama política para perjudicar al alcalde, pero el presidente de la sala, José Luis de Pedro Mimbrero, pidió que los testimonios se ciñesen a hechos y no a opiniones, para evitar que se desvirtuara la vista.

Ya en la recta final del juicio intervinieron los psicólogos, cuya opinión —seguramente decisiva en el resultado final— fue prácticamente unánime: la denunciante no mentía. José Antonio Bustos, el psicoanalista que la había atendido en Madrid, afirmó que «el cuadro de síntomas que presentaba Nevenka corresponde al de una víctima de acoso sexual, quizá encajado en un acoso más amplio que hacía que la paciente sintiera que se encontraba en una situación sin salida». Añadió más: «No hay manera de sostener una fábula tan extraordinaria».

José Amador Martínez, el médico forense que reconoció a Nevenka durante la instrucción del sumario por encargo del propio tribunal, aseguró no haber encontrado «ningún dato que lleve a pensar que ha fabulado para dar origen a la querella y a todas las consecuencias de la misma».

También declaró la doctora Mollá, psiquiatra del Hospital Clínico, que fue la primera especialista en atender a Nevenka tras su huida a Madrid. Dijo que lo que más le había sorprendido fue la ansiedad abrumadora y la ansiedad anticipatoria al pensar que debía reincorporarse al Ayuntamiento.

El perito de la defensa, Juan José Arechederra, se limitó a señalar que los informes de psicólogos y psiquiatras no podían asegurar al cien por cien que los síntomas de Nevenka respondieran a una situación de acoso ni certificar con el mismo grado de seguridad que no mentía.

El juicio quedó visto para sentencia y Nevenka se reincorporó a su trabajo, en Inglaterra, donde el 31 de mayo se enteró de la resolución judicial, que condenaba al alcalde por un delito de acoso sexual cometido sobre su concejal de Hacienda, sirviéndose, para humillarla, de su superioridad jerárquica.

Ismael Álvarez dimitió al conocer la sentencia, pero anunció que recurriría el fallo, lo mismo que el abogado de Nevenka, que solicitó una ampliación de la condena por un delito de lesiones.

Entre las reacciones a la sentencia judicial, causó estupor, cuando no auténtica alarma social, la opinión de Ana Botella, esposa del presidente del Gobierno y figura destacada del Partido Popular, el partido de Ismael Álvarez, que calificó de «impecable» la actitud del acosador al dimitir, sin añadir una sola palabra de solidaridad hacia la víctima. La declaración era consecuente con la actitud que había mostrado a lo largo del proceso el propio partido, ninguno de cuyos miembros se dirigió a Nevenka para interesarse por su situación.

Nevenka declaró que la pena impuesta al alcalde (6.480 euros de multa y 12.000 de indemnización) era muy baja en relación a los hechos que la sentencia daba por demostrados, pero comprendió, y así lo dijo, que ella había abierto con su actitud un camino del que en el futuro se beneficiarían otras mujeres en una situación semejante a la suya. Pidió a los jueces que tuvieran más valor a la hora de condenar estos delitos.

Fortalecida, en cualquier caso, por este éxito, que —aunque parcial— restituía su honor, Nevenka Fernández abandonó Inglaterra y el trabajo estable que había conseguido, convencida de que ahora no le sería difícil salir adelante en España. Se fue a vivir a Talavera de la Reina.

Lucas y ella alquilaron un piso y comenzó a enviar currículos. Estuvo enviándolos un año, el mismo durante el que me contó su historia y yo la escribí.

A veces me llamaba o me ponía un correo electrónico, diciéndome que casi seguro que la aceptaban en esta empresa o en aquella otra porque había superado todas las pruebas, pero en el último momento, cuando identificaban a aquella joven con la que había puesto una denuncia por acoso sexual al alcalde de Ponferrada, le daban la espalda. Una mujer capaz de defenderse constituía un peligro laboral.

Casi un año y medio después, el 17 de noviembre de 2003, el Tribunal Supremo confirmó la sentencia contra el ya exalcalde de Ponferrada por acoso sexual, aunque le rebajó la multa impuesta en primera instancia al considerar, increíblemente, que entre un alcalde y una concejal no existe relación jerárquica alguna y que, por lo tanto, no se había dado el agravante de abuso de autoridad.

Nevenka Fernández recibió la buena nueva en una ciudad del norte de Europa (ella prefiere que no digamos cuál) donde, desde el mes de agosto anterior, estaba intentando rehacer su vida junto a Lucas, a la vista de las dificultades laborales acarreadas por su pasado de víctima. El acosador, por su parte, la recibió en Ponferrada, donde continuaba viviendo y haciendo negocios sin problemas y desde donde declaró que «con el cariño de la gente y con mi conciencia totalmente tranquila afronto el futuro de forma serena y esperanzada».

Epílogo

Los políticos que prefirieron esperar a la resolución del Supremo para opinar sobre el llamado caso Ponferrada no abrieron la boca tras la confirmación de la sentencia. El Partido Popular, que no se había dirigido a la víctima para interesarse por su estado o prestarle su apoyo a lo largo de los casi tres años que duró el proceso, permaneció mudo también. Ana Botella, que entretanto se había convertido en concejal de Asuntos Sociales del Ayuntamiento de Madrid, no creyó necesario rectificar o matizar sus crueles declaraciones anteriores. El cantante Amancio Prada, que había publicado un comunicado de apoyo al alcalde acosador, no se manifestó frente a esta resolución del Alto Tribunal. La noticia cayó como en el interior de una campana de vacío, sin que produjera ningún eco, ninguna reacción. No leí ningún editorial sobre el caso, quizá porque a ningún periódico le pareció extraño o enfermizo que la víctima se hubiera exiliado mientras el verdugo leía el pregón de las fiestas en su pueblo. Quienes habían visto a Nevenka Fernández con «una minifalda hasta aquí», porque necesitaban verla así, no estaban dispuestos a poner en cuestión su sistema de valores. «Algo habrá hecho», parecían continuar diciendo, para mantener viva esa tradición tan nuestra de criminalizar a la mujer que ha sido agredida por un macho.

Pasados unos días desde la confirmación de la sentencia y con el libro terminado, decidí viajar a la ciudad del norte de Europa donde Nevenka y Lucas vivían desde el mes de agosto de 2003. Sabía que los dos habían conseguido trabajo apenas al mes y medio de llegar y que ocupaban un apartamento muy céntrico en el que me invitaron a instalarme. Habían ido a buscarme al aeropuerto y, de camino a casa, cuando les manifesté mi disgusto por la ausencia de reacciones frente a la confirmación de la sentencia, me miraron divertidos y me tacharon de ingenuo cariñosamente. No habían esperado otra cosa.

Los encontré felices, sin embargo. Parte de esa felicidad se debía al hecho de que habían logrado desengancharse emocionalmente de España. Pese a que podían sintonizar canales de televisión españoles, raramente lo hacían. Tampoco compraban prensa española, por lo que no estaban al tanto de los sucesos domésticos recientes. Ni siquiera tenían curiosidad por saber cómo se había dado, en los principales periódicos, la noticia de la confirmación de la sentencia.

Les llevé queso, salchichón, una botella de vino y, en un dudoso rasgo de humor, cecina de Ponferrada. Observaban mis obsequios entre curiosos y divertidos, casi con la misma extrañeza con la que escuchaban las noticias que les traía de su país. Me dijeron que su dificultad para entablar amistad con españoles se debía precisamente al hecho de que la mayoría permanecían demasiado apegados a España. Nevenka se había tatuado en el brazo los ojos de una onza, que es un félido semejante a la pantera, pero Piolín no parecía intranquilo por su presencia.

Mientras dábamos cuenta de la cecina de Ponferrada y del rioja, les pregunté cómo se imaginaban que habrían sido sus vidas de no haber ocurrido nada de lo relatado en este libro. Nevenka se reía espantada ante la perspectiva de haberse casado con Ramón y salir los viernes a tomar vinos por los locales de moda de Ponferrada en compañía de otros matrimonios tan convencionales como el suyo. Lucas aseguró que se habría adaptado a cualquier cosa (siempre presume de su capacidad de adaptación), pero estaba muy contento de haber dejado Talavera y la empresa familiar por unos horizontes más amplios. Dijo que en el futuro le gustaría trabajar en algo relacionado con el mundo del deporte, aunque continúa muy interesado también en el cine.

Sé que Lucas es uno de los personajes más enigmáticos de este libro. Vi cómo cobraba importancia a medida que pasaban los capítulos, sin que él hiciera nada por crecer ni yo por aumentar su tamaño. Habíamos quedado en hablar a solas un día, pero fuimos retrasando el encuentro por unas u otras razones (coartadas, más bien). Creo que él no quería hablar y a mí no me apetecía que lo hiciera. Me gustaba el lugar que ocupaba en el relato y el hecho de que su presencia provocara más preguntas que respuestas. Su silencio no quiere decir que no se manifestara, a veces elevando la voz. Un día, por ejemplo, estábamos comiendo los tres en un restaurante de Talavera cuando advertimos que un individuo que había en la barra en compañía de otras personas no dejaba de mirar a Nevenka con una insistencia impertinente. En el segundo plato, Lucas arrojó la servilleta al suelo, se levantó y fue decidido hacia el individuo, al que puso en su sitio con dos palabras.

En algunos de los momentos en los que nos quedamos solos durante este viaje, intenté iniciar esa conversación tantas veces aplazada, pero no fue posible. Lucas se defiende de los afectos, aunque vive entregado a ellos. Le pregunté por qué rehuía entrar en los detalles y me dijo que no le interesaban. Cuando comprendió lo que había ocurrido entre Ismael Álvarez y Nevenka, decidió que de los pormenores solo se enteraría por casualidad. Al advertir que no habría forma de sacarle más información, y aunque había hecho aquel viaje fundamentalmente para hablar con él, decidí que era mejor dejar las cosas como estaban.

Y así se quedan, como están, es decir, con la víctima feliz, pero exiliada, y el agresor protegido por la solidaridad y el cariño de los suyos, además de por su cuenta corriente.

En cuanto a mí, si me preguntaran por qué valió la pena escribir este libro, diría que porque al fin he logrado averiguar el final de Hansel y Gretel, un cuento que me obsesiona desde la infancia y que tuve que leer en una edición a la que alguien había arrancado las últimas páginas. Y no termina ni bien ni mal, termina regular, como casi todo en esta vida.

Este libro se terminó
de imprimir en
Fuenlabrada, Madrid,
en el mes de
septiembre de 2024